GLÜCKSPRINZIP - VERGANGENHEIT LOSLASSEN

MIT ACHTSAMKEIT UND RESILIENZ DIE GRÖSSTEN KRISEN BEWÄLTIGEN UND LERNEN, WIE DU GLÜCKLICH IM HIER UND JETZT LEBST

JOHANNES FREITAG

© Copyright: Johannes Freitag 2021 – Alle Rechte vorbehalten.

1. Auflage

Das Werk, einschließlich seiner einzelnen Teile, ist urheberrechtlich geschützt. Jegliche Verwertung ist ohne Zustimmung des Rechteinhabers unzulässig. Dies gilt insbesondere für die elektronische oder sonstige Vervielfältigung, Übersetzung, Verbreitung und öffentliche Zugänglichmachung.

INHALT

Einleitung   7

1. ERST HATTE ICH KEIN GLÜCK UND DANN KAM AUCH NOCH PECH HINZU   17
Warum Niederschläge im Leben wichtig sind   18
Die 4 elementaren Phasen einer Lebenskrise   21

2. DIE ZWEI WICHTIGSTEN PHASEN DER KRISENBEWÄLTIGUNG   27
Die Schöpferkraft in einer Lebenskrise - Können Krisen etwas Positives bewirken?   32

3. EINFÜHRUNG IN DAS IMMUNSYSTEM DER SEELE   35
Die 7 Säulen der Resilienz   37
Ist Resilienz erlernbar?   43
Wie kann man Resilienz trainieren?   44

4. DIE KRAFT DES POSITIVEN DENKENS   66
Ist das Glas halb leer oder halb voll?   66
Formel für ein glückliches Leben - 3:1 Prinzip   67
Negative Gedanken umwandeln   68
Wir sind, was wir denken - Gesundheit beginnt im Kopf   71
Aufgeben oder aufstehen und weitermachen?   75
Was kann uns daran hindern, positiv denkend zu werden?   76
Wie lässt sich positives Denken lernen?   80
Nutze die Kraft der Gedanken und lerne das Visualisieren   82
Mantras - den Geist beruhigen und sich fokussieren   85
Meditation - lerne deine Gedanken zur Ruhe zu bringen   88
Einfache Meditationsübungen   92

5. WAS IST EIGENTLICH ACHTSAMKEIT? 103
Achtsamkeit - den inneren Frieden entdecken 104
Woher stammt Achtsamkeit? 105
Was genau ist Achtsamkeit – und was nicht? 106
Was bewirkt die Achtsamkeitspraxis? 106
Achtsamkeit in Krisensituationen und der 107
Umgang mit Niederlagen
Wie kann ich Achtsamkeit trainieren? 108

6. DIE REISE ZU DEINEM „WARUM" 115
Auf Sinnsuche gehen - für das Loslassen und den 116
Neubeginn
Mit der Selbstfindung zur Sinnfindung 119
Was willst du vom Leben? Für die 122
Lebensplanung ist es nie zu spät!
Der Goldene Kreis - dein „Warum" ist 124
entscheidend
Finde mit Ikigai deinen Lebenssinn 129

Schlusswort 138
Über den Autor 140
Quellen 143

DEIN KOSTENLOSES DANKBARKEITSTAGEBUCH

„NICHT DIE GLÜCKLICHEN SIND DANKBAR.
ES SIND DIE DANKBAREN, DIE GLÜCKLICH SIND!"

Francis Bacon

Nur ein paar Minuten täglich, für ein glücklicheres und erfolgreicheres Leben. Lade dir hier (als Gratis Bonus, exklusiv für Leser von Johannes Freitag's Büchern) dein KOSTENLOSES Dankbarkeitstagebuch herunter:

www.johannes-freitag.de/dankbarkeitstagebuch

Öffne ganz einfach deine Handkamera-App
und richte den Fokus auf den QR code

JOHANNES FREITAG

EINLEITUNG

„ „Das Glück ist ein Schmetterling", sagte der Meister.

„Jag ihm nach und er entwischt dir. Setz dich hin und er lässt sich auf deiner Schulter nieder."

„Was soll ich also tun, um das Glück zu erlangen?", fragte der Schüler.

„Du könntest versuchen, dich ganz ruhig hinzusetzen - falls du es wagst!" "

— ANTHONY DE MELLO

Warst du in deinem Leben schon einmal so verzweifelt, dass du dachtest, es geht nicht weiter? Gab es Situationen, in denen du nur das Schlechte gesehen hast? Hast du dich schon oft gefragt, warum gerade dir gewisse Dinge passieren? Wieso ausgerechnet du vom Pech verfolgt wirst, während andere auf der Erfolgswelle schwimmen? Und es so scheint, dass diese Personen das Glück gepachtet haben? Hast du in deinem Leben einen schweren Schicksalsschlag erlitten oder steckst du aktuell in einer Lebenskrise? Du verstehst nicht, was du anders machst und wieso dir das alles widerfährt?

Was macht die Goldmarie anders als die Pechmarie? Fragt man erfolgreiche Menschen, was denn ihr Geheimnis ist, bekommt man häufig dieselbe Antwort zu hören: Sie denken positiv. Sie lassen sich durch nichts und niemanden aus ihrem Konzept bringen. Das traditionelle Sprichwort „Jeder ist seines Glückes Schmid" hat seine Berechtigung. Man kann sein Leben lang entweder mit seinem Schicksal hadern, oder man akzeptiert es und versucht das Beste daraus zu machen. Dieses Leben lebst du nur einmal. Und es vergeht viel zu schnell.

Wünschst du dir nicht auch, dass du am Ende deines Lebens zurückblicken und sagen kannst: „Es war nicht immer leicht, aber ich habe es gerockt und bereue nichts. Ich habe mein Leben gelebt!"? Wenn du genau das anstrebst, dann hast du den ersten Schritt dazu schon getan. Du liest dieses Buch und bist bereit, deinen Blickwinkel zu ändern. Denn es ist alles eine Frage der Sichtweise. Das Glas kann halb leer oder halb voll sein. Seine Einstellung zu ändern ist gar nicht so schwer, wie es auf den ersten Blick vielleicht scheinen mag. Zwar gibt es weder einen Zauberspruch noch sonstigen Hokuspokus, der dafür sorgt, dass ein Pessimist innerhalb von Sekunden zum Optimisten wird. Aber mit Geduld und Zuversicht schafft man das.

Die „Positive Psychologie"[1] nennt man auch die „Wissenschaft des Glücks". Aber was soll das sein? Vereinfacht gesagt, befasst sie sich mit der Frage, was das Leben lebenswert macht. Mit Hilfe der Positiven Psychologie kann man seine eigenen Stärken erkennen. Die positive Denkweise trägt dazu bei, das eigene Wohlbefinden zu fördern und die persönlichen Fähigkeiten zu erweitern.

Vielleicht hast du dich über das Titelbild des Buches gewundert. Was haben Blumen mit Glück und Vergangenheitsbewältigung zu tun? Dazu gibt es eine Geschichte, die ich dir gerne erzählen möchte.

Für mich ist dieses Symbol der Blume mehr als nur ein Titelbild. Er erinnert mich an einen der wichtigsten Menschen in meinem Leben: meine Mutter. Denn sie hat mir schon in meiner Kindheit beigebracht, dass das Leben zwar nicht immer unbedingt fair ist, aber es sinnlos ist, damit zu hadern. Jedes Mal, wenn der kleine Johannes also traurig oder unzufrieden war, sagte meine Mutter: „Lass Blumen drüber regnen." Als Kind hab ich das nie wirklich verstanden. Denn ich habe mir das stets bildlich vorgestellt und nicht sehen können, was mir meine Mutter eigentlich damit sagen wollte. Heute ist dieser Satz zu meinem Lebensmotto geworden. Für mich sind diese Worte der Schlüssel zu einem glücklichen Leben. Sie erinnern einen daran, dass man die Vergangenheit nicht ungeschehen machen kann. Sie ist bereits geschehen und lässt sich nicht mehr ändern. Das Knifflige am Leben ist, dass man es vorwärts leben muss, aber es erst rückwärts versteht. Wichtig ist daher, die Vergangenheit abzuhaken und nach vorne zu blicken. Denn die Zukunft lässt sich positiv gestalten. Es gibt ein wunderbares Zitat von Albert Einstein, der den sprichwörtlichen Nagel sozusagen auf den Kopf trifft: *„Mehr als die Vergangenheit interessiert mich die Zukunft, denn in ihr gedenke ich zu leben."*

Es gibt viele Studien, die sich mit der Positiven Psychologie und ihren dazugehörigen Themen befassen. Wissenschaftler erforschen seit vielen Jahren die Verbindung von Psyche und Körper. Nicht selten haben körperliche Leiden eine psychische Ursache. Kopf- und Rückenschmerzen, Schwindel oder Probleme mit dem Magen-Darm-Trakt – um nur einige solcher Beschwerden zu nennen. Kaum einer denkt an einen psychischen Auslöser für derartige Symptome. Erst wenn sämtliche Untersuchungen zeigen, dass es keine organischen Ursachen gibt, beginnt man zu erkennen, dass das Problem wohl seelisch bedingt sein muss. Psychosomatische Erkrankungen sind in der heutigen Zeit keineswegs mehr eingebildete Krankheiten, die von der Gesellschaft belächelt werden. Unsere moderne Gesellschaft verlangt von jedem Einzelnen viel ab. Stress im Berufsleben, private Sorgen, Existenzängste - die Liste ist schier unendlich und niemand ist gefeit davor, eines Tages psychisch zu erkranken. Verschiedene Studien haben jedoch gezeigt, dass Menschen mit einer positiven und optimistischen Lebenseinstellung gesünder sind als Pessimisten. Es gibt sogar Studien, die den Einfluss von positiven Gedanken auf die typischen Volkskrankheiten, wie beispielsweise Herz-Kreislauf-Erkrankungen, belegen.

Wissenschaftler der Harvard[2] Medical School kamen in einer Untersuchung zu der Erkenntnis, dass jene Probanden (die Studie wurde an 70.000 Krankenpfleger/-innen durchgeführt), die eine optimistische und positive Lebenseinstellung hatten, viel seltener an Erkrankungen litten und durchschnittlich länger lebten als die Pessimisten. Das betrifft aber nicht nur Herz-Kreislauf-Erkrankungen. Die Studie zeigte auch, dass positiv eingestellte Menschen seltener an Infektionen, Atemwegs- und Krebserkrankungen sterben. Die Erklärung dafür ist recht simpel. Denn optimistische Menschen ernähren sich gesünder, bewegen sich mehr und gehen öfter zu Vorsorgeuntersuchungen. Also wirkt sich der Optimismus[3] positiv auf unsere Gesundheit aus. Aber wie geschieht das genau? Untersuchungen belegen, dass diese positive Einstellung unsere Abwehrkräfte stärkt und die Selbstheilungskräfte im Körper aktiviert. Wenn wir glücklich sind, schüttet unser Körper bestimmte Hormone aus. Serotonin ist eines der Glückshormone, das dafür sorgt, dass wir uns gut fühlen - somit stärkt es unsere Abwehrkräfte und wir sind weniger anfällig für Krankheiten. Denselben Effekt hat auch Lachen. Wenn wir lachen, setzt unser Körper ebenfalls Endorphine frei. Übrigens musst du nicht „echt" lachen - beim Lach-Yoga zum Beispiel steht das grundlose Lachen im Fokus. Ein künstliches Lachen soll in echtes Lachen übergehen. Probiere es einmal aus – du wirst sehen, es wird dein Wohlbefinden steigern.

Eine weitere Methode, um die Lebensqualität zu steigern, ist das sogenannte Achtsamkeitstraining. Diese Technik hilft dabei, Stress zu minimieren und den Alltag zu entschleunigen. Es ist eine gute Möglichkeit, sein Leben bewusster wahrzunehmen. Viel zu oft tun wir Dinge, ohne ihnen bewusst Aufmerksamkeit zu schenken. Wir sind im „Autopilot-Modus". Achtsamkeit bedeutet, kurz innezuhalten und den Fokus auf das zu legen, was wir gerade machen. Das Achtsamkeitstraining lässt uns mehr auf unseren Körper und unsere Emotionen achten. Wir betrachten unsere Empfindungen auf eine besondere Weise. Wir nehmen sie wahr, aber bewerten die Gefühle nicht. In der heutigen Gesellschaft dreht sich alles um Beschleunigung - schneller, höher, weiter. Es muss alles im Eiltempo geschehen. Kaum jemand hat noch Geduld und Zeit, sich bewusst mit sich selbst zu befassen. Wir sind mit unseren Gedanken nicht mehr im „Hier und Jetzt". Morgens überlegt man bereits, wie stressig es wohl bei der Arbeit sein wird. Im Büro denkt man schon an die Abendplanung. Und vor dem Zubettgehen kreisen die Gedanken schon wieder rund um den nächsten Tag.

Die Achtsamkeit[4] - auch Mindfulness genannt - ist einer der wesentlichen Bestandteile im Buddhismus und wird dort schon seit tausenden von Jahren praktiziert. Es geht darum, dass man sein Dasein mit allem was dazugehört so akzeptiert, wie es ist, ohne es zu bewerten oder es ändern zu wollen. Durch diese Art von Geisteshaltung lässt sich persönliches Glück erreichen. Wir lernen, uns auf den Augenblick zu fokussieren. Wie leben ganz bewusst im Hier und Jetzt. Weltweit beschäftigen sich Forscher und Wissenschaftler seit über 40 Jahren mit dieser alten östlichen Lehre, die darauf abzielt, glücklich zu sein. Die ersten Studien wurden Ende der 1970er Jahre im Rahmen der Psychotherapie durchgeführt. Ziel war es, effektive Methoden zu finden, um Stress zu reduzieren. Viele psychische Krankheiten entstehen unter anderem durch negativen Stress. Mittlerweile existieren viele verschiedene Methoden, um diesen sogenannten Disstress (negativer Stress) zu reduzieren.

Eine sehr interessante Studie zu diesem Thema stammt von Dr. Matt Killingsworth[5]. Er fand heraus, dass sich das Glücksempfinden[6] messen lässt - und auch, welche Erlebnisse das meiste Glück bescheren. Dr. Killingsworth hat für diese Studie mehr als 15.000 Probanden in mehr als 80 Ländern rund um den Globus gefunden, die über eine App ihren aktuellen Gemütszustand mitteilten. Das Ergebnis war, dass wir den Großteil unserer Zeit, in der wir wach sind, das sogenannte „Mind Wandering" betreiben. Das bedeutet, dass wir gedankenverloren Dinge tätigen, derer wir uns nicht bewusst sind. Einfach gesagt heißt das, dass wir unseren Geist (Mind) wandern lassen. Wir versinken in Tagträumen, sind nicht präsent im gegenwärtigen Moment und wir tun nichts bewusst. In dieser Studie fand man zudem heraus, dass wir unglücklicher sind, wenn wir unsere Gedanken schleifen lassen. Der Schlüssel zum Glück liegt also im Hier und Jetzt.

WER BIN ICH?

Lange Zeit habe ich überlegt, ob ich meine persönlichen Erfahrungen teilen möchte oder – anders formuliert - wie ich meine Schicksalsschläge am besten verarbeiten kann. Und ehrlich gesagt hat es eine ganze Weile gedauert, bis ich an dem Punkt angelangt bin, an dem ich bereit war, meine Gedanken und Erfahrungen niederzuschreiben. Der Wendepunkt in meinem Leben liegt etwas mehr als fünf Jahre zurück. Trotz der Kürze der Zeit habe ich seither viel Neues lernen dürfen. Ich habe schnell angefangen, all das Neue aufzuschreiben. Das war zunächst nicht viel mehr als ein Tagebuch, geschrieben für mich persönlich, um mit all dem Unglück klar zu kommen. Was als Verarbeitungsprozess für mich begonnen hat, hat sich zu der Idee entwickelt, meine Geschichte anderen Menschen zu erzählen. Ich möchte über das Erzählen meiner persönlichen Niederlagen anderen Menschen helfen. Immer wieder werde ich von Freunden und Bekannten gefragt, weshalb ich so positiv bin, obwohl ich so einen schlimmen Verlust erlitten habe. Meist antworte ich: „Ich habe eine positive Lebenseinstellung, gerade weil ich diesen Verlust erlitten habe. Erst dadurch bin ich wirklich ein Optimist geworden." Denn meine Einstellung zum Leben hat sich in den letzten Jahren wirklich sehr verändert. Glaube mir, ich bin nicht mein ganzes Leben über ein positiver Mensch gewesen. Mein Motto „Lass Blumen drüber regnen" hatte ich für viele Jahre vergessen. Zwar hat mir meine Mutter diesen Satz sehr oft in meiner Kindheit gesagt, wenn ich traurig war. Irgendwann jedoch wurde ich ein Teenager, der andere Dinge im Kopf hatte, als Mamas Lebensweisheiten zu beherzigen.

Und es gab auch keinen Grund, mein Denken zu ändern. Bis ins junge Erwachsenenalter verlief mein Leben wie im Bilderbuch. Ich wurde Ende der 60er Jahre geboren und durchlebte gemeinsam mit meinem älteren Bruder eine wunderbare Kindheit. Meine Eltern lebten das ganz klassische Familienmodell - Haus, Kinder, Hund - und somit wuchs ich gut behütet in einer liebevollen Familie auf. Nach meinem Abitur habe ich Maschinenbau studiert. Während dieser Zeit lernte ich auch meine spätere Frau kennen und lieben. Wir beide fanden schnell heraus, dass es die große Liebe ist und schon sehr bald haben wir eine Familie gegründet. Unsere beiden Töchter machten unser Glück perfekt. Wir zogen nach unserem Studium in einen anderen Ort, wo ich eine hervorragende Anstellung als Ingenieur erhielt.

Damals schien es so, als hätte ich das Glück gepachtet. Ich hatte einen tollen Job, wunderbare Freunde und die beste Familie, die man sich wünschen kann. Ein wahres Traumleben, wenn man das so sagen kann.

Aber nichts ist für immer und so geschah es, dass sich mein Leben schlagartig in einen Albtraum verwandelte. Es passierte an einem Samstagabend vor ungefähr 5 Jahren, als meine Frau und ich auf dem Heimweg von einer Geburtstagsfeier waren. Es war Winter und an diesem Tag sehr glatt auf den Straßen. Ein uns entgegenkommender Wagen geriet ins Schleudern und krachte mit voller Wucht in unser Auto. Durch die Wucht des Aufpralls wurde unser Fahrzeug mit der Beifahrerseite gegen einen Baum katapultiert. Das ist das Letzte, was ich von diesem Abend weiß. Ich erwachte zwei Wochen später aus dem Koma. Mein erster Gedanke galt meiner Frau. Als mir die Ärzte sagten, dass sie auf der Stelle tot war, riss es mir den Boden unter den Füßen weg. Ich war wie gelähmt und dachte, dass auch ich selbst einfach nur sterben möchte. Als ich aber meine beiden Töchter sah, verflog dieser Gedanke. Es war schlimm genug für sie, ihre Mutter zu verlieren. Sie sollten nicht auch noch ohne ihren Vater aufwachsen müssen. In manchen Momenten ließ mich mein Kummer aber selbst das vergessen.

Die Wochen und Monate nach diesem Tag waren alles andere als leicht. Denn ich wurde nicht gesund aus dem Krankenhaus entlassen. Ich saß im Rollstuhl, weil ich durch den Unfall an schweren Lähmungserscheinungen litt. Ich kann dir versichern, dass ich mehr als einmal daran dachte, dass ich lieber an der Stelle meiner Frau gestorben wäre. Was war mir denn geblieben? Die Liebe meines Lebens war nicht mehr an meiner Seite. Ich war von jetzt auf gleich alleinerziehender Vater und noch dazu ein Krüppel. Es verwundert wohl nicht, dass ich nicht nur physisch am Ende war, sondern auch psychisch. Ich hatte keinen

Grund mehr zu lachen, glaubte, finanziell am Ende zu sein und wusste nicht, wie ich weitermachen sollte. Eines Tages jedoch kam die Wendung. Meine jüngere Tochter setzte sich zu mir und meinte: „Papa weißt du, was Oma zu mir gesagt hat, als ich so traurig war wegen Mama? Lass Blumen drüber regnen!" Mir schossen augenblicklich die Tränen in die Augen. Ich umarmte sie ganz fest und wusste, ich muss für meine Mädchen stark sein. Das war der Tag, an dem ich mein Leben wieder in meine Hände nahm. Durch die Erinnerung an das Lebensmotto meiner Mutter schaffte ich es plötzlich, meinen Blickwinkel zu ändern. Ich wusste von diesem Moment an: Ich werde gesund und alles wird gut. Meine erste Maßnahme, um der „neue Johannes" zu werden, war es, eine Reha zu beginnen. Der „Alte" konnte ich nicht mehr werden, weil meine Frau nicht mehr da war. Aber ich war noch jung und wusste von diesem Tag an, dass mein Leben noch lange nicht vorbei ist. Und dass es einzig von mir selbst abhing, wie es weiter verlaufen würde. Jeder ist seines Glückes Schmied. Durch die starke Liebe zu meinen beiden Mädchen, wurde mir das wieder bewusst.

Somit begann ich voller Optimismus mein neues Leben in die Hand zu nehmen und fuhr mit dem Ziel in die Reha-Klinik, ohne Rollstuhl wieder heimzukommen. In diesen Wochen in der Reha habe ich sehr viele Menschen kennengelernt, die ihren Schicksalsschlag nicht verarbeiten konnten. Sie haderten mit ihrem Leben und hatten keinerlei Interesse daran, ein neues Leben zu beginnen. Ich jedoch hatte es geschafft und konnte acht Monate nach dem Unfall die Klinik als gesunder Mensch verlassen. Neben der körperlichen Therapie hatte ich auch angefangen, zu den Treffen einer Trauergruppe zu gehen. Es half mir, mich mit anderen auszutauschen, die auch einen geliebten Menschen verloren haben. Auch dort begegneten mir viele Menschen, die es einfach nicht geschafft haben, die Vergangenheit hinter sich zu lassen. Die teilweise auch nach Jahren der Trauer nicht damit abschließen konnten. Das war einer der Gründe, warum ich mich dazu entschlossen habe, meine Geschichte zu erzählen. Ich will Menschen bei ihrer persönlichen Weiterentwicklung und Krisenbewältigung helfen. Denn ich kenne diese Situation der vollkommenen Verzweiflung. Ich kenne dieses Gefühl, sterben zu wollen und die Vergangenheit nicht loslassen zu können.

Dieses Jahr im Januar waren es genau fünf Jahre, dass sich mein Leben in wenigen Sekunden schlagartig verändert hat. Ich habe in diesen Jahren sehr viele neue Erfahrungen gemacht. Manche davon waren wunderschön und andere wiederum der blanke Horror. Und ich weiß, wenn ich es nicht geschafft hätte meine Lebensfreude zurückzugewinnen, hätte ich mich damals aufgegeben.

Mittlerweile sind meine Töchter, die damals Teenager waren, zu wunderbaren, lebensbejahenden jungen Frauen herangewachsen. Ich durfte noch einmal die Liebe kennenlernen und beruflich hat sich auch vieles verändert. Heute ist mein Leben geprägt durch positives Denken und Achtsamkeit. Und ich möchte auch dir gerne einen Weg zeigen, wie du aus der Negativspirale heraustreten und dein Leben bewusster leben kannst. Einfach wird es nicht immer sein, aber glaub mir, es ist die Mühen wert. Denn wir alle haben nur dieses eine Leben und das sollten wir, so gut es geht, nutzen.

1
ERST HATTE ICH KEIN GLÜCK UND DANN KAM AUCH NOCH PECH HINZU

„So ist das im Leben: Wenn sich eine Tür schließt, öffnet sich eine andere. Die Tragik liegt darin, dass wir nach der geschlossenen Tür blicken, nicht nach der offenen."

— ANDRÉ GIDE

Das Leben läuft nicht immer glatt und jeder Mensch hat mindestens einmal im Leben eine Situation, die er sich so nicht ausgesucht hat. Dann nimmt unser Leben plötzlich eine Richtung an, die uns nicht gefällt und oftmals eine Krise in uns auslöst. Wir wissen zwar, Krisen gehören zum Leben dazu. Aber wenn wir in eine solche Situation kommen, wirft es uns aus der Bahn. Es zieht uns den Boden unter den Füßen weg. Wir spüren die Ohnmacht, die uns umgibt. Wenn wir in eine derartige Lage kommen, gibt es zwei Wege, die man dann einschlagen kann. Wir können daran zerbrechen oder gestärkt daraus hervorgehen.

Der erste Weg ist garantiert der einfachere, aber wohl kaum der bessere. Dieser führt nämlich dazu, zu stagnieren, in Lethargie zu verfallen und alles schwarzzusehen. Der zweite Weg ist derjenige, der uns - auf lange Sicht gesehen - wieder glücklich macht. Vielleicht denkst du nun, dass du ganz alleine bist und fragst dich, warum ausgerechnet dir das passieren musste. Die Frage lässt sich nicht pauschal beantworten, aber weißt du was? Du bist nicht alleine! Ganz egal, was du gerade erlebst - sei es der Verlust des Jobs, das Ende deiner Beziehung, eine schlimme Krankheit oder der Tod eines nahen Angehörigen. Wir alle haben unser Päckchen zu tragen und es ist garantiert nicht immer leicht. Warum das gerade dir passieren muss, wird dir niemand beantworten können. Denn es gibt keine Antwort darauf. Sie ist nicht zielführend. Sicher ist jedoch: Es gibt eben nur zwei Arten mit Krisen umzugehen. Und ich möchte dir hier zeigen, dass es sich lohnt, den zweiten Weg zu wählen.

WARUM NIEDERSCHLÄGE IM LEBEN WICHTIG SIND

Krisen und Niederschläge erscheinen uns, auf den ersten Blick betrachtet, absolut überflüssig. Wer braucht schon negative Erfahrungen im Leben, die wirklich schmerzen und auf keinen Fall auf unserer „Wunschliste" stehen? Ein Rückschlag[7] ist immer hart und man möchte gerne darauf verzichten. Wenn man das Ganze aber von einem anderen Blickwinkel aus betrachtet, erkennt man die Chance darin. Die Chance, etwas zu lernen und zu wachsen. Auch ich stand an dem Punkt, an dem ich dachte, es geht nicht mehr weiter. Ein Punkt, an dem ich dachte, es ist besser sich eine Kugel in den Kopf zu jagen. Anstatt das zu sehen, worum es eigentlich ging. Das Leben nimmt oft Wendungen, die man bewusst so nicht bestellt hat. Ich selbst habe lange gebraucht, um zu verstehen, dass die Vergangenheit etwas ist, das sich nicht ändern lässt. Es ist vergangen und auch wenn man noch so oft darüber sinniert - es ist geschehen und man kann es im Endeffekt weder auslöschen, noch verdrängen. Es gibt viele Menschen, deren Leben sich von einem Tag auf den anderen um 180 Grad dreht. Und die trotz Schicksalsschlägen oder Enttäuschungen nicht den Lebensmut verlieren. Es ist manchmal eben so, dass man einen Plan B entwickeln muss. Ob man will oder nicht. Denn das Leben ist kein Wunschkonzert und manchmal gestaltet es sich anders, als man sich das vorgestellt hat.

Ein wirklich sehr inspirierendes Beispiel ist die Rhetorik- und Schlagfertigkeitstrainerin Katja Kerschgens[8]. Sie ist ein absolut positiv denkender Mensch. Trotz und vor allem wegen ihres Schicksals. Ihre Vision ist: Eine Welt, in der immer mehr Menschen das tun, was sie lieben. Trotz aller Hindernisse, Sackgassen und Umwege. Katja Kerschgens lebt seit über 25 Jahren mit der Diagnose MS (Multiple Sklerose). Katja kann kein Leben nach Plan A führen. Sie muss immer Plan B im Hinterkopf behalten. Weil nichts beständig ist und sich das Leben von jetzt auf gleich ändern kann. Ihr Optimismus, ihre Energie und ihre Lebensfreude sind bemerkenswert. Wo andere längst aufgegeben hätten, bleibt sie zuversichtlich und macht etwas aus ihrem Leben. Sie hilft seit Jahren vielen Menschen, das Leben positiver zu betrachten.

Wenn du dich jetzt fragst, was an einer Lebenskrise positiv sein soll, möchte ich dir folgende Denkanstöße mitgeben:

- Eine Krise erinnert uns daran, was im Leben wirklich wichtig ist.
- Sie lehrt uns dankbar zu sein für das, was wir haben.
- Sie fordert uns auf, einen Fokus auf unsere Gewohnheiten zu setzen, damit wir wieder bewusst leben.
- Eine Lebenskrise zeigt uns oft neue Wege, die wir einschlagen können und die uns ansonsten verborgen geblieben wären.

- Wir lernen, dass vieles im Leben einfach nicht sein soll. Alles hat einen Sinn, den man aber oft erst im Nachhinein versteht.
- Außerdem kann eine Krise zeigen, dass wir die Kraft haben, wie ein Phönix aus der Asche aufzusteigen.

Und das ist nur ein Auszug möglicher positiver Effekte einer Krise. Es gibt viele prominente Beispiele von Personen, die sich irgendwann einmal in einer Krise befanden und deren positive Einstellung zum Leben verhinderte zu resignieren. Diese Menschen haben in ihrer persönliche Krise ihre Chance erkannt[9].

So war beispielsweise das Motto von Steve Jobs[10], dem Gründer von Apple: *„Stay hungry, stay foolish."* Sinngemäß übersetzt bedeutet das: *„Bleibe stets wissbegierig und bewahre dir deine Naivität."* Was er damit meinte, ist, dass man in seinem Leben immer neugierig und voller Tatendrang bleiben und sich nicht vor Ideen verschließen sollte. Man sollte sich stets die Überzeugung bewahren, dass es klappen wird. Steve Jobs durchlebte in seinem Leben mehrere Krisen und er durfte viel daraus lernen. Er selbst wurde als Kind adoptiert. Er hat nie das College abgeschlossen, weil er nicht wusste, was er dort machen sollte. Er hat stattdessen auf sein Herz gehört. Und das war rückblickend betrachtet die beste Entscheidung seines Lebens. Steve Jobs hat in seiner Zeit gelernt, dass es wichtig ist, an sich selbst zu glauben und seinem Herzen zu folgen. Auch wenn man mal vom Weg abkommt. Man kann den Weg im Voraus nicht immer erkennen und schon gar nicht verstehen. Das geht nur im Nachhinein. Wichtig ist, dass man niemals seinen Glauben verliert - auch wenn der Weg manchmal steinig ist.

Die Zeit im Leben ist begrenzt, deshalb solltest du dich niemals beirren lassen. Ganz egal was andere denken! Hab den Mut und folge immer deinem Herzen und deiner Intuition. Und sei dir eins bewusst: Wenn sich eine Türe schließt, wird sich eine neue öffnen.

DIE 4 ELEMENTAREN PHASEN EINER LEBENSKRISE

Solch eine Lebenskrise hat immer Folgen. Sie kann unterschiedliche Auswirkungen auf unser Verhalten, unser Denken und unser Fühlen haben. Wir hadern mit unserem Schicksal, wollen keine neuen Perspektiven finden und diese Misere hält uns in der Vergangenheit gefangen. Nicht selten macht uns so eine Belastungsprobe körperlich und psychisch krank. In solchen Situationen sind wir vermehrt anfällig für Schlafstörungen, Depressionen, Süchte, Rücken- und Kopfschmerzen, Beschwerden im Magen- und Darmtrakt oder des Herz-Kreislauf-Systems. Wer in einer Lebenskrise steckt, hat vier Phasen zu durchleben. Zwar ist jede Krise unterschiedlich, doch sind die Gefühlslagen, die wir durchlaufen, meistens gleich. Außerdem lässt sich keine dieser Phasen überspringen. Wir müssen jede dieser Phasen durchleben. Wenn man sich mitten in einer Krise befindet und über die unterschiedlichen Phasen Bescheid weiß, lassen sich diese zwar nicht verhindern, jedoch können sie zumindest ein wenig gemildert werden. Ich möchte dir diese Phasen anhand meiner Erfahrungen gerne näher erläutern und dir verschiedene Beispiele aufzeigen. Denn jeder Mensch hat andere Lebenskrisen und erlebt diese auch anders. Für den Einen ist der Jobverlust vielleicht nicht so schlimm, weil er ohnehin aus dem Unternehmen raus wollte. Und für den Anderen wiederum ist das Verlieren des Arbeitsplatzes die größte Katastrophe überhaupt. Somit lässt sich auch der Anlass einer Krise, objektiv gesehen, nicht festlegen. Denn jeder Einzelne von uns hat eine individuelle Betrachtungsweise.

Es gibt grob betrachtet zwei Arten von Krisen. Da wäre zum einen die „traumatische Krise" und zum anderen die „Veränderungskrise". Traumatisch sind plötzliche Schicksalsschläge wie eine Krankheit, Tod, Untreue, Trennung oder Naturkatastrophen. Eine Veränderungskrise wird durch Veränderungen der Lebensumstände ausgelöst, die natürlich auch positiv erlebt werden können. Beispielsweise die Pubertät, Heirat, Schwangerschaft, Geburt oder der Ruhestand. Bei den Traumata verläuft diese Achterbahn der Gefühle im Wesentlichen immer gleich. Deshalb beschäftigen wir uns an dieser Stelle mit dem Verlauf traumatischer Krisen, eingeteilt in vier Phasen[11]:

1. Verleugnung und das „Nicht wahrhaben wollen"
2. Chaotische und aufbrechende Emotionen
3. Verarbeitung und Neuorientierung
4. Das neue Selbst und im Gleichgewicht

1. Verleugnung und das „Nicht wahrhaben wollen"

Als ich vor ungefähr fünf Jahren aus dem Koma erwacht bin, wurde mir mitgeteilt, dass meine Frau tot ist. Und, dass ich selbst möglicherweise nicht mehr laufen können würde. Damals dachte ich zunächst, ich würde lediglich schlecht träumen, gleich aufwachen und alles wäre wieder gut. Doch ich bin nicht aus diesem Traum erwacht und jeder Gedanke daran verursachte einen nicht enden wollenden Schmerz. Ich war buchstäblich gelähmt - nicht nur physisch, sondern auch psychisch. Ich erinnere mich noch genau an den Moment, als ein Arzt in mein Zimmer kam und sich als Psychiater vorstellte. Er wollte mir helfen, die Geschehnisse zu verarbeiten. Ich jedoch sah ihn an und erklärte ihm, dass es nichts gebe, was ich aufarbeiten müsste. Es sei alles okay. Ich wollte schlicht und einfach nicht mit ihm sprechen. Nicht darüber sprechen. Ich wollte den Schmerz, die Wut und diese Hoffnungslosigkeit nicht wahrhaben. So versuchte ich mich selbst zu schützen, indem ich diese Katastrophe einfach leugnete. Ich dachte mir: „Vielleicht ist es ja gar nicht geschehen, wenn ich es verdränge?" Die Realität habe ich in den Wochen danach, so gut es ging, verweigert. Dabei habe ich aber einen grundlegenden Aspekt außer Acht gelassen: die beiden wichtigsten Menschen in meinem Leben.

Ich war letztendlich völlig egoistisch, denn ich wollte im Krankenhaus keinen Besuch empfangen, von niemandem. Ich habe nicht daran gedacht, dass meine Töchter viel mehr verloren hatten als ich. Sie haben nicht nur ihre geliebte Mama verloren, sondern um ein Haar auch noch ihren Papa. Und die Tatsache, dass ich sie nicht sehen wollte, war für die beiden Mädchen vermutlich so schlimm, als wäre auch ich gestorben. Aber ich konnte nicht. Ich war so sehr in meinem eigenen Leid gefangen, dass ich keinen Ausweg sah.

In der ersten Phase einer Krise fühlt man sich wie betäubt. Wir stehen regelrecht unter Schock. Und in dieser Schockphase nehmen wir Abstand zur Realität. Man kann und will es nicht glauben. Wir haben das Gefühl, dass wir in einem schlimmen Albtraum feststecken. Wir wollen auf keinen Fall mit den Emotionen in Kontakt kommen, die diesen Umstand verursacht haben. Je schlimmer wir diese Situation bewerten, umso größer wird unsere Verzweiflung sein. Wir werden mutlos und bleiben in diesem Kreislauf gefangen. Weil wir einfach nicht wahrhaben wollen, was da passiert ist. Ein Gefühl der Leere und Hoffnungslosigkeit macht sich breit. Wir können nichts mehr empfinden, sind wie versteinert. Diese Phase dauert unterschiedlich lange. Im Nachhinein kann man sich oft gar nicht mehr an diese Phase erinnern. Dieser Abschnitt kann wenige Stunden bis mehrere Wochen andauern. Der einzige Ausweg aus dieser Abwärtsspirale ist das Zulassen unserer Gefühle.

2. Chaotische und aufbrechende Emotionen

Als ich diese erste Phase hinter mir hatte, begannen meine aufgestauten und verdrängten Gefühle aus mir herauszuplatzen. Plötzlich spürte ich die Wut, den Zorn und die Angst vor der Zukunft. Ich war unglaublich wütend auf den Fahrer des Wagens, der in unser Auto krachte. Ich war zornig auf Gott, weil nicht ich gestorben bin, sondern meine Frau. Ich hatte große Furcht davor, unser Haus zu verlieren, weil ich eventuell nicht mehr arbeiten konnte. Ich bekam Schuldgefühle meinen Töchtern und vor allem meiner toten Frau gegenüber. Denn ich lag im Krankenhaus im Koma, als sie beerdigt wurde. Ich konnte sie nicht einmal mehr auf ihrem letzten Weg begleiten. Diese Emotionen stürzten mit einer solchen Wucht auf mich ein, dass ich jede Nacht unter Albträumen litt. Ich konnte nicht mehr schlafen, war zu nichts zu gebrauchen. Ich war ein Häufchen Elend in einem Rollstuhl. Trank zu viel Alkohol, weil er mich betäubte. Meinen Schmerz ausschaltete. Jeder Tag begann damit, dass ich weinte, weil ich alleine aufgewacht war und endete in Heulkrämpfen, weil ich mich so einsam fühlte. Ich war sogar auf meine beiden Töchter wütend, weil die beiden es irgendwie schafften, ihr Leben weiterzuleben, als ob nichts gewesen wäre. Wieso konnten sie so schnell wieder glücklich sein? Haben sie ihre Mutter denn nicht geliebt?

Diese Verzweiflung steigerte sich immer mehr und eines Tages war ich so unglücklich, dass ich beschloss, Schluss zu machen. Meine Kinder kamen gut ohne mich zurecht und ich hatte nur eine Sehnsucht: die nach meiner Frau, meiner Geliebten, meiner besten Freundin. Ich wollte nur noch zu ihr. Leider (Aus heutiger Sicht: glücklicherweise) musste ich feststellen, dass ich selbst dazu nicht in der Lage war. Ich saß ja noch im Rollstuhl und konnte nicht einmal mehr alleine das Haus verlassen. Wie also sollte ich mich dann bitte umbringen? Die Lethargie, die ich zu dieser Zeit an den Tag legte, veranlasste meine Eltern, die sich um die Mädchen und mich kümmerten, dazu, einen mit meinem Vater befreundeten Psychiater bei uns vorbei zu schicken. Zunächst war ich wütend auf meine Eltern, dass sie sich eingemischt haben. Aber im Nachhinein war ich dankbar, weil ich erkannte, dass es so nicht weitergehen konnte. Er hat mir in einem für mich wirklich aufschlussreichen Gespräch geholfen, aus dieser Abwärtsspirale herauszukommen. Wir unterhielten uns ungefähr zwei Stunden lang und es gelang ihm, mir klar zu machen, dass ich das Geschehene nicht mehr ändern konnte und versuchen muss, das Gute zu erkennen, damit ich wieder gesund werden kann. Natürlich hätte ich einfach so weitermachen können wie bisher - in Selbstmitleid versunken und ständig nach dem „Warum" fragend. Er hatte mir jedoch eins deutlich gemacht: Das Leben ist kostbar und ich sollte mich doch für meine Töchter freuen, dass sie nicht zu Vollwaisen wurden. Und somit begann ich meine Situation zu überdenken.

In der zweiten Phase einer Lebenskrise kommen all die verdrängten Gefühle plötzlich hoch. Diese extreme Konfrontation mit den Emotionen kann so überwältigend sein, dass der Körper darauf mit verschiedenen Symptomen reagiert. Antriebsstörungen, Depressionen, Konzentrationsstörungen, Schlafstörungen, Übelkeit, Erbrechen, Durchfall oder Herzbeschwerden sind nur einige der körperlichen Beschwerden in dieser Zeit. In dieser Reaktionsphase fangen wir an, uns der schmerzlichen Tatsache zu stellen, die uns widerfahren ist. Und besonders eine Frage stellen wir uns wieder und wieder: „Warum ich?" Vielen Menschen in dieser Phase sind gewisse Emotionen nicht bekannt und vor allem nicht in so einer Intensität. Angst, Hilflosigkeit, Hoffnungslosigkeit, Ohnmacht, Schuldgefühle, Selbstzweifel, Unsicherheit oder Wut. Wir sind diesen Gefühlen hilflos ausgeliefert und sie prasseln in einer Stärke auf uns ein, die wir nie für möglich gehalten hätten. Aus eigener Erfahrung kann ich dir sagen: Lass diese Gefühle zu und stell dich ihnen. Nimm diese Empfindungen bewusst wahr, denn nur so gelingt es dir, aus dem Wechselbad der Gefühle auszubrechen. Werde dir bewusst, dass es vorbei gehen wird. Irgendwann kannst du das Licht am Ende des Tunnels wieder sehen.

Diese Phase ist für unsere persönliche Entwicklung enorm wichtig. Sie ermöglicht den Wendepunkt. Nur durch diesen schaffen wir es, nicht stecken zu bleiben. Ich weiß selbst, wie schwierig es ist. Auch ich wollte lange Zeit keine Hilfe annehmen. Ich war innerlich tot, ich konnte nichts mehr fühlen. Bis ich begriff, dass mein Leben noch nicht vorbei war. Und, dass nicht nur ich es verdient hatte, glücklich zu sein. Meine Töchter hatten ebenfalls das Recht auf eine glückliche Familie - auch wenn ein Teil davon für immer weg war.

Wenn wir die Vergangenheit loslassen, haben wir die Chance neu zu beginnen. Ein Zitat von Michael McMillan bringt das für mich wunderbar auf den Punkt:

„Du kannst nicht das nächste Kapitel deines Lebens beginnen, wenn du ständig den letzten Abschnitt wiederholst."

2
DIE ZWEI WICHTIGSTEN PHASEN DER KRISENBEWÄLTIGUNG

„Bedeutende Erfolge sind das Ergebnis überwundener Krisen."

— HANS ARNDT

3. Verarbeitung und Neuorientierung

Nachdem ich endlich erkannt hatte, dass zwar eine Ära meines Lebens vorbei war, nicht aber mein komplettes Leben, erreichte ich eine ganz neue Phase. Ich begann, mein Schicksal zu akzeptieren. Natürlich habe ich meine Frau nicht vergessen und das wird auch niemals geschehen. Aber ich habe erkannt, dass es eben so ist und ich es nicht ändern kann. Vermutlich liegt der Ursprung dieser Erkenntnis in einer Situation, in der mich meine Tochter an das Motto meiner Mutter erinnerte. Ich wusste auf einmal, dass ich für mein Leben und mein Glück selbst verantwortlich bin. Es fiel mir wieder ein. Ich begann, neue Pläne zu schmieden. Nicht nur, dass ich wieder vollkommen gesund werden wollte. Ich überlegte mir auch, was ich in Zukunft machen will. In meinem alten Job war ich sehr eingespannt. Das bedeutete, dass ich oft unterwegs war und meist nicht vor 20 Uhr heim kam. Als alleinerziehender Vater war das ein Ding der Unmöglichkeit. Auch wenn meine Töchter nicht mehr so klein waren, sie brauchten mich dennoch. Und ich wollte viel mehr Zeit mit ihnen verbringen. Ich verstand nämlich plötzlich, dass unsere Zeit hier begrenzt ist. Somit war es für mich klar, dass ich mein komplettes Leben ändern und meine Prioritäten neu definieren musste. Ich erkannte, dass ich eine ganz bestimmte Aufgabe hatte. Ich war Vater von zwei Kindern und musste stark sein. Sie hatten nur noch mich. Und auf keinen Fall wollte ich, dass sie eines Tages denken, ich hätte sie nicht genug geliebt und sie einfach im Stich gelassen. Ich erkannte, dass das Glück in meinen Händen lag. Ich wollte kein Leben im Rollstuhl, kein Trinker sein oder ein depressiver Mann mit Selbstmordgedanken. Und so begann ich einen neuen Lebensabschnitt. Ich begab mich in die Reha und wusste, dass ich schon bald ohne Hilfe zurück nach Hause kommen konnte.

In Phase drei kommen nach und nach die Lebensgeister zurück. Man beginnt die Krise nicht nur zu akzeptieren, sondern nach neuen Wegen zu suchen. Man blickt in die Zukunft und weiß, dass man einen neuen Lebensabschnitt beginnen wird. Natürlich vergisst man nicht, was gewesen ist. Aber man kann dies nun aus einem anderen Blickwinkel sehen und die Situation annehmen. Wir können uns an das Gute erinnern und die Chance wahrnehmen, dass wir gestärkt aus dieser Krise hervorgehen können - sofern wir es zulassen.

In dieser Zeit hat man oft auch das Bedürfnis mit Gleichgesinnten zu sprechen. Selbsthilfegruppen sind eine gute Möglichkeit, um sich mit Menschen auszutauschen, die in einer ähnlichen Situation stecken. Oft fällt es uns leichter über unsere Gefühle zu sprechen, wenn wir wissen, dass wir nicht alleine sind. Es tut gut, auch von anderen zu hören, wie diese ihr Leben neu ausrichten und sich von der Vergangenheit lösen. Wir lernen, den Schmerz anzunehmen und den Verlust zu akzeptieren. Wir erkennen, dass wir ganz unten waren und wir nicht noch weiter fallen können. Endlich stehen der Verlust und die Trauer nicht mehr im Fokus. Wir sehen wieder das Licht am Ende des Tunnels.

4. Das neue Selbst und im Gleichgewicht

Nachdem ich erkannte, dass ich für mein Glück selbst verantwortlich bin, habe ich dem Drängen meiner Liebsten nachgegeben und mich in eine Rehaklinik begeben. Dort wollte ich lernen, wieder der alte Johannes zu werden. Ich kann mich noch gut an die Fahrt dorthin erinnern. Meine Eltern und meine Töchter haben mich begleitet. Als wir auf das Gelände der Reha-Klinik kamen, hatte ich einen besonderen Moment. Ich spürte plötzlich die Gewissheit, dass ich auf der Rückfahrt wieder selbst hinterm Steuer sitzen würde. In der Klinik kam ich auch das erste Mal mit einer Selbsthilfegruppe für Trauernde in Berührung. Es war eine der Physiotherapeutinnen dort, die mich dazu überredete. Die erste Sitzung war für mich etwas Besonderes. Ich saß da und hörte mir die Geschichten von den anderen Teilnehmern an. Ich war beeindruckt, wie offen diese Menschen von ihrem Schicksal erzählen konnten. Jeder von ihnen hatte ein anderes Schicksal erlebt und jeder ging auch anders damit um. Ich konnte mich sehr gut in die anderen Teilnehmer hineinversetzen, obwohl ich sie ja gar nicht kannte. Wir alle hatten aber eines gemeinsam: Wir haben gelernt, unsere Krise als Chance zu sehen. Für mich waren diese Treffen in der Selbsthilfegruppe eine wunderbare Möglichkeit, mich mit Gleichgesinnten auszutauschen. Natürlich hatte ich Freunde und Familie, mit denen ich schon vorher über mein Schicksal gesprochen habe. Aber sich mit Menschen auszutauschen, die ähnliches erlebt hatten und meine Empfindungen verstehen konnten, war noch einmal etwas anderes. Die bereits erwähnte Physiotherapeutin hatte mich auch dazu inspiriert, meine Geschichte aufzuschreiben. Hätte ich so etwas zwei Jahre zuvor noch belächelt, war das für mich nun eine ganz neue Erfahrung. Ich schrieb Tagebuch und liebte es. Der Spruch „Sich alles von der Seele schreiben" hat wirklich eine Bedeutung. Für mich war das so hilfreich, dass ich jeden Tag im Garten der Klinik saß und geschrieben habe. Damals erkannte ich, dass alles im Leben einen Sinn hat. Durch dieses positive Mindset gelang es mir, innerhalb von vier Wochen wieder laufen zu können. Alle Therapeuten und Ärzte waren verblüfft. Denn sie hatten noch nie gesehen, dass jemand mit solchen Verletzungen innerhalb kürzester Zeit wieder laufen konnte.

An meinem letzten Abend in der Reha-Klinik saß ich wieder einmal im Garten und schrieb an meinem Tagebuch, als plötzlich meine Physiotherapeutin vor mir stand. Wir haben ein wenig geplaudert und aus dem Nichts heraus fragte sie mich, ob ich nicht Lust hätte, mich auch mal außerhalb der Reha-Klinik mit ihr zu treffen. Ich sagte sofort ja, denn ich ging nicht davon aus, dass sie mich in irgendeiner Weise „anbaggern" wollte. Zu dieser Zeit hatte ich eher den Eindruck, dass sie einfach nett war und vielleicht auch ein wenig Mitleid hatte. Zudem war ich auch noch nicht bereit eine neue Beziehung einzugehen. Dennoch war diese Situation das erste Mal, dass ich darüber nachdachte, was meine verstorbene Frau wohl dazu sagen würde. Wäre sie sauer, wenn ich mich neu verlieben würde? Oder würde sie eher sagen: „Johannes, mein Schatz, es ist doch ganz natürlich, dass du nicht alleine bleibst. Alles ist gut"?

Ich möchte ehrlich sein. Natürlich hatte ich auch Bedürfnisse. Aber allein bei dem Gedanken hatte ich bereits das Gefühl, meine Frau zu betrügen. Noch war es aber nicht so weit, dass ich mir ernsthaft Gedanken darüber machen sollte. Ich begann erstmal mein neues Leben in Angriff zu nehmen. Am nächsten Tag wurde ich von meinem Vater abgeholt. Ich werde es niemals vergessen. Der Moment, als ich ihm entgegenlief, brachte meinen Papa vollends aus der Fassung. Es war das allererste Mal, dass ich meinen Vater weinen sah. Rückblickend gesehen, war dies einer der schönsten Momente in meinem ganzen Leben.

Die vierte Phase erlaubt es uns, loszulassen. Wir öffnen uns für unsere Mitmenschen und werden Stück für Stück wieder wir selbst. In dieser Phase erkennen wir, dass die Krise auch etwas Gutes hat. Es ist vollkommen egal, was der Auslöser für diese Krise war. Sei es der Verlust der Arbeit, das Ende einer Beziehung oder wie bei mir, der Verlust eines geliebten Menschen. Das Wichtigste ist in jedem Fall, neu zu beginnen. Das Alte hinter uns zu lassen und positiv in die Zukunft zu blicken. Diese Phase ist auch eine gute Möglichkeit, Resümee zu ziehen. Überlege dir, was dir in deinem bisherigen Leben gefehlt hat. Du kannst jetzt von vorne beginnen. Du weißt, dass alles vergänglich ist. Dass man im Augenblick leben sollte. Gibt es etwas in deinem Leben, dass du schon immer machen wolltest? Etwas, für das du bisher weder Zeit noch Lust hattest? Dann mach es jetzt. Erstelle eine Liste und setze alles daran, diese Liste Punkt für Punkt abzuarbeiten. Für die einen sind es neue Hobbys oder eine neue Ausbildung. Andere wiederum beginnen aufzuräumen und zwar mit ihrem Leben. Sie lassen alles los, was ihnen nicht gut tut. Sei es eine ungeliebte Arbeit, die falschen Freunde oder die Wohnung, die nicht mehr passt. Befreie dich von allem, was dich daran hindert, glücklich zu sein. Erkenne die Chance, die sich dir bietet. Ziehe das Positive aus deiner Krise.

DIE SCHÖPFERKRAFT IN EINER LEBENSKRISE - KÖNNEN KRISEN ETWAS POSITIVES BEWIRKEN?

Unsere Gedanken erschaffen unsere Realität. Deshalb ist es besonders wichtig, eine so genannte Gedankenhygiene zu betreiben. Alles, was wir denken, wird zu unserer Realität. Das heißt, denken wir etwas Negatives, dann wird das Negative zu unserer Wirklichkeit. Im Umkehrschluss bedeutet das, wenn du Positiv denkst, kreierst du auch Positives. Eine Krise kann durchaus auch positive Nachwirkungen haben. Denn wo Schatten ist, ist auch Licht. Wir gehen bessere Beziehungen ein und wir erkennen unsere wahren Freunde. Wir stellen fest, dass die Menschen, die in dieser schweren Zeit an unserer Seite waren, unsere echten Freunde sind. Diese Freundschaften werden dadurch noch intensiver und noch vertrauensvoller. Wir stellen auch fest, dass wir über uns hinausgewachsen sind. Wir sind stärker geworden. Wir haben das Wissen, dass wir mit allem fertig werden können, wenn wir es nur wollen. Eine Lebenskrise bringt natürlich Veränderungen mit sich. In keiner Situation hat der Spruch „Get out of your comfort zone" („Verlasse deine Komfortzone") mehr Bedeutung als nach einer Krise. Wir sind gezwungen unser Leben zu überdenken. Wir müssen unsere Komfortzone verlassen und erweitern dadurch unseren Horizont. Wir entdecken uns komplett neu. Erst durch eine Krise wird uns bewusst, dass unser Leben nicht unendlich ist. Wir stellen fest, dass es jederzeit vorbei sein kann.

Ich lebe mein Leben jetzt viel intensiver. Ich achte auf meine Gesundheit, bin dankbar für jeden Augenblick und nehme das Leben ganz bewusst wahr. Mir wurde klar, dass sich das Leben in jedem Moment wieder ändern kann. Damals begann ich neue Prioritäten zu setzen. Ich intensivierte meine Beziehungen und ich lernte, in jeder Situation das Positive zu sehen. Ich habe das

Leben auf eine ganz andere Weise schätzen gelernt. Vor diesem schrecklichen Unfall war ich glücklich, denn ich hatte ein wunderbares Leben mit meiner Familie. Mir wurde jedoch erst nach diesem Schicksalsschlag bewusst, dass ich bisher viel zu wenig Zeit mit meinen Liebsten verbracht habe. Zeit, die für immer verloren ist. Deshalb begann ich damals, alles intensiver zu leben. Ich verbrachte viel mehr Zeit mit meinen Töchtern, meinen Freunden und auch mit mir selbst. Ich habe mich sogar beruflich verändert. Ich habe einen Gang zurückgeschaltet und in Absprache mit meinem Chef einiges an Verantwortung abgetreten. Vor dem Unfall war ich für die Qualitätssicherung unseres Unternehmens verantwortlich und habe ein großes Team geleitet. Nach dem Unfall habe ich ein Sonderprojekt übernommen, ohne Personalverantwortung, aber mit der Möglichkeit, die Hälfte der Zeit im Homeoffice zu arbeiten. Und nebenbei füllte ich mein Tagebuch jeden Tag mit meinen Gedanken und Erkenntnissen. Dies war der erste Schritt zu diesem Buch. Ich schrieb mir alles von der Seele und jeden Tag aufs Neue fühlte ich mich freier. Ich fand endlich ein Ventil. Ich konnte meinen Gefühlen in einer Art und Weise Ausdruck verleihen, wie ich sonst wohl nicht in der Lage gewesen wäre.

In der Zeit hat mir auch meine ehemalige Betreuerin aus der Reha geholfen. Die darauffolgenden Monate haben wir oft telefoniert und uns auch ein paar Mal getroffen. Ich erkannte auch ziemlich schnell, dass sie viel mehr war, als nur eine gute Freundin. Ich hatte mich wieder verliebt. Natürlich war das am Anfang sehr befremdlich und ich hatte ein schlechtes Gewissen meiner Frau gegenüber. Jedoch fühlte ich eine Gewissheit, dass sie sich mit mir freuen würde. Wenn man sich nach einem Verlust wieder nach Nähe sehnt, dann sollte man dies auch zulassen. Der verlorene, geliebte Mensch wird niemals vergessen werden. Man öffnet lediglich sein Herz für eine weitere Person.

So schlimm diese Phasen der Krisenbewältigung auch sind. Im Nachhinein sind wir auch dankbar für die Lernaufgaben, die uns das Leben gestellt hat. An Krisen können wir wirklich wachsen.

3
EINFÜHRUNG IN DAS IMMUNSYSTEM DER SEELE

„Glück besteht in der Kunst, sich nicht zu ärgern, dass der Rosenstrauch Dornen trägt. Sondern sich zu freuen, dass der Dornenstrauch Rosen trägt."

— ARABISCHES SPRICHWORT

*D*u weißt nun bereits, welche Phasen eine Lebenskrise beinhaltet. In diesem Kapitel erfährst du, wie du dich für eine solche Krise wappnen kannst. Das Schlüsselwort hierzu ist Resilienz[12]. Resilienz bezeichnet man auch als das „Immunsystem der Seele" oder „psychische Widerstandsfähigkeit". Damit gemeint ist die Fähigkeit, eine Krise zu bewältigen, indem man auf seine eigenen Ressourcen[13] zurückgreift. Und diese Widerstandsfähigkeit als Anlass zur eigenen Entwicklung nutzt. Vereinfacht gesagt heißt dies, Resilienz ist die Fähigkeit, mit belastenden Situationen und Lebensumständen auf eine gesunde Art und Weise umzugehen. Man kann auch sagen, dass Resilienz die Fähigkeit zur Wiederherstellung der psychischen Gesundheit bedeutet. Resilient zu sein bedeutet aber nicht, dass man zu einem Eisklotz wird und jegliche Gefühle verdrängt. Und es heißt auch nicht, dass wir jeden Tag nur noch lächelnd über die Blumenwiese hüpfen. Der bewusste Umgang mit unseren Emotionen gehört zum gesunden Seelenleben dazu. Mithilfe eines Resilienztrainings kannst du deine Psyche stärken.

Resilienztraining wird oft mit dem Training eines Marathonlaufs verglichen. Einen Marathon zu laufen gelingt nur, wenn man in kleinen Trainingseinheiten darauf hin arbeitet. Von Natur aus hat jeder Mensch resiliente Anteile in sich. Aber man muss - wie auch beim Sport - trainieren, um diese psychische Stärke zu erhalten. Und manchmal muss diese auch zunächst einmal erarbeitet werden. Zum Beispiel, wenn wir in eine besondere Lebenskrise geraten.

Die eigene Resilienz[14] sollte man unbedingt trainieren. Es ist erwiesen, dass resiliente Menschen nicht nur psychisch, sondern auch physisch widerstandsfähiger sind. Sie sind emotional stabiler und weniger anfällig für psychische Erkrankungen. Verschiedene Studien haben ergeben, dass bis zu 30% der europäischen Bevölkerung an stressbedingten, psychischen Erkrankungen leidet. Von daher macht es Sinn, sich mit dieser „Resilienz" einmal näher zu beschäftigen.

DIE 7 SÄULEN DER RESILIENZ

Es gibt sieben Resilienzfaktoren, die uns dabei helfen, unsere Widerstandskraft[15] zu stärken. Sie helfen uns dabei, mit Stress besser umgehen zu können. Diese Grundpfeiler sind:

1. Optimismus
2. Akzeptanz
3. Lösungsorientierung
4. Emotionssteuerung
5. Verantwortung
6. Netzwerkorientierung
7. Zukunftsplanung

1. Optimismus

„Alles wird gut!" - Wenn wir lernen optimistisch zu sein, entwickeln wir eine positive Einstellung zum Leben. Denn Optimismus[16] hat viele Vorteile. Wir können jeder Situation etwas Gutes abgewinnen. Wenn wir optimistisch sind, konzentrieren wir uns auf das, was wir gut können. Somit legen wir den Fokus weniger auf die Dinge, die wir nicht so gut beherrschen. Wenn man sich immer wieder über Dinge ärgert, die man nicht kann, oder auf andere eifersüchtig ist, raubt uns das eine Menge Energie.

Wir haben viele negative Gedanken. Pessimisten neigen dazu, in allem etwas Schlechtes zu sehen. Wenn du lernen willst ein Optimist zu sein, dann umgib dich mit positiv denkenden Menschen. Wie du ja bereits weißt, werden deine Gedanken zu Taten. Das heißt, wenn du immer vom Schlimmsten ausgehst und deine Gedanken nur darum kreisen, kann gar nichts Gutes passieren. Sowohl positive, als auch negative Erwartungen können unser Verhalten beeinflussen. In der Psychologie wird dieses

Phänomen als „selbsterfüllende Prophezeiung" bezeichnet. Es gibt Studien darüber, die zeigen, dass Gedanken und Erwartungen in Form selbsterfüllender Prophezeiungen[17] zu positiven, wie auch negativen Ergebnissen führen können. In einer Studie in Großbritannien fand man beispielsweise heraus, dass Senioren, die ausgeprägte Angst vor einem Sturz hatten, auch häufiger einen tatsächlichen Unfall erlitten, als jene, die weniger oder gar keine Angst hatten. Unsere Gedanken und Erwartungen beeinflussen unser Verhalten - und das ganz unbewusst - so sehr, dass sie zur „selbsterfüllenden Prophezeiung" werden und so zum Beispiel die Wahrscheinlichkeit eines Sturzes erhöhen. Das Phänomen der selbsterfüllenden Prophezeiung kann aber auch im Positiven wirken. Wichtig ist nur: Glaube an dich und deine Fähigkeiten. Wenn du Zweifel hast, frage dich: „Was ist das Schlimmste, das mir passieren könnte?" Überlege dir, wie das Worst-Case-Szenario aussehen könnte. Genauso kannst du dich auch fragen, was dir bestenfalls passieren könnte. Und welche Möglichkeiten sich dadurch ergeben würden. Wenn du lernen möchtest, optimistischer durchs Leben zu laufen, solltest du dir darüber im Klaren sein, dass positives Denken[18] nicht von heute auf morgen funktioniert. Ärgere dich aber nicht darüber. Denn wie alles im Leben bedarf auch das positive Denken viel Übung.

Falls du jetzt erfahren möchtest, wie du positives Denken auf einfache Art und Weise verinnerlichen kannst, schau doch gerne in mein Buch „Glücksprinzip - Positives Denken lernen" rein. Mehr Informationen findest du auf der Seite „Über den Autor" in diesem Buch.

2. Akzeptanz

Wenn wir ein Problem haben, welches wir nicht lösen können, ist es in der Regel schwierig, dieses einfach hinzunehmen. Wir müssen lernen, es zu akzeptieren, auch wenn es uns nicht gefällt.

Im Leben gibt es nun einmal Dinge, die wir nicht ändern können. Wir können grübeln und uns ärgern, aber im Endeffekt bringt es nichts, denn das Problem ist da. Ob du es akzeptierst oder nicht. Wir werden in unserem Leben immer wieder mit Situationen, Problemen oder Menschen konfrontiert, die so überhaupt nicht in unsere Vorstellungen und unser Weltbild passen. Akzeptanz bedeutet, diese Dinge hinzunehmen, wie sie sind. Wenn wir uns weigern, etwas zu akzeptieren, und dagegen ankämpfen, verschwenden wir letztendlich nur sehr viel Energie, die wir eigentlich anders nutzen könnten. Sobald wir eine Situation oder ein Problem akzeptieren, ersparen wir uns viele negative Emotionen, die uns im Endeffekt wieder leiden lassen würden. Erst wenn wir Probleme oder Krisen als einen Teil unseres Lebens sehen, der nun mal da ist und sich nicht wegzaubern lässt, können wir uns besser auf uns selbst konzentrieren. Es ermöglicht uns aber auch, uns auf die Bereiche unseres Lebens zu fokussieren, die wir ändern können.

3. Lösungsorientierung

Die Lösungsorientierung ist ebenfalls eine der Grundhaltungen der sieben Säulen der Resilienz. Hier geht es darum zu lernen, Stress abzubauen, indem man aufhört, sich auf das Problem zu fokussieren. Stattdessen sollten wir uns von unserem Blick auf das Problem lösen und unsere Wahrnehmung erweitern. Das bedeutet, nachdem wir uns dieser Situation angenommen haben, können wir beginnen nach vorne zu blicken und Lösungen suchen. Resiliente Menschen konzentrieren sich auf die Lösung, den Zielzustand. Somit werden die negativen Gefühle, die mit unserem Problem einhergehen, ganz schnell zur Nebensache.

4. Emotionssteuerung

Der Begriff Emotionssteuerung bezeichnet die Fähigkeit, seine negativen Emotionen bewusst wahrnehmen und in positive Gefühle umwandeln zu können. Emotionssteuerung hat nichts mit einer Unterdrückung der Gefühle zu tun. Ein resilienter Mensch nimmt seine Gefühle viel bewusster wahr und kann diese besser kontrollieren. Wenn wir resilient sind, sind wir viel eher bereit, die Verantwortung für unser Leben zu übernehmen, anstatt uns lediglich als Opfer zu betrachten. Wir bemühen uns, in diesem Zustand selbstständig Probleme zu lösen und nicht anderen die Verantwortung für unser Leid zuzuschieben. Ein resilienter Mensch ist davon überzeugt, dass alles aus einem bestimmten Grund passiert. Viele Menschen neigen dazu, die Schuld immer bei den anderen zu suchen und sehen sich somit stets als Opfer der Umstände. Wenn wir aber gelernt haben, resilient zu sein, sind wir uns unserer Verantwortung vollkommen bewusst. Wir wissen, dass wir selbst Einfluss darauf haben, was geschieht.

5. Verantwortung

Für unser psychisches als auch physisches Wohlbefinden können wir sorgen, wenn wir möglichst viel Kontrolle über unser eigenes Leben haben und Verantwortung dafür übernehmen. Schicksalsschläge oder andere belastende Ereignisse sind ein Teil unseres Lebens, den wir nicht beeinflussen können. Wir werden sozusagen Opfer unseres Schicksals. Entscheidend ist jedoch, wie lange wir in dieser Opferrolle bleiben. Denn damit geben wir anderen Menschen oder den Umständen die Macht über unser Leben. Wir entscheiden jedoch selbst, wie lange wir unter diesen Gegebenheiten leiden wollen. Resiliente Menschen sind sich ihrer Verantwortung bewusst. Wenn wir gelernt haben, resilient zu sein, verlassen wir die Opferrolle und werden uns darüber bewusst, dass wir selbst für unsere persönlichen Probleme eine Lösung finden müssen. In der Opferrolle zu verharren, ist natürlich sehr bequem. Als Opfer hofft man stets, dass andere unsere Probleme für uns lösen. Diese Menschen beklagen sich ständig über ihre Situation. Sie jammern lieber, anstatt sich aufzuraffen und selbst nach einer Lösung zu suchen.

6. Netzwerkorientierung

Um resilient zu sein, ist es wichtig, ein unterstützendes Netzwerk aufzubauen. – was uns zum nächsten bedeutenden Säule der Resilienz bringt. Netzwerkorientierung bedeutet, dass man sich aktiv eine Art Beziehungsgeflecht schafft, dass uns bei Problemen oder in Krisenzeiten unterstützen kann. Aber nicht jeder mag „netzwerken". Ein introvertierter Mensch verlässt sich in der Regel lieber auf sich selbst, anstatt auf Unterstützung von außen. Dennoch ist es empfehlenswert, sich ein Netz aus sozialer Unterstützung zu erschaffen.

Netzwerkorientierung kann man auch als eine Art Investition in unser ganz persönliches „Krisen-Auffangnetz" sehen. Natürlich haben wir alle ein Netzwerk. Menschen sind soziale Wesen und brauchen Beziehungen, um sich wohl zu fühlen. Unser Netzwerk besteht zum Beispiel aus Familie, Freunden, Kollegen, Nachbarn, dem Friseur oder unserem Hausarzt. In unserem privaten Netzwerk befinden sich die Menschen, denen wir vertrauen. Vielleicht fragst du dich jetzt, wozu du dich stärker an der Erschaffung sozialer Netzwerke orientieren solltest, wenn du doch bereits ein bestehendes soziales Netzwerk hast? Bei der Netzwerkorientierung geht es darum, dass man sich aktiv und gezielt stärker vernetzt. Man schafft neue Bindungen, pflegt diese und erhält diese aufrecht. Das ist wichtig, damit wir uns im Falle einer Krise genau an diese Personen wenden können.

Sich ein Netzwerk aufzubauen kann für manche Menschen ein großes Problem darstellen. Nicht nur die Introvertiertheit kann hier im Weg stehen. Viele Menschen halten sich für schwach, wenn sie um Hilfe bitten. Aber genau das Gegenteil ist der Fall. Es zeugt von großer Stärke, wenn man sich eingesteht, dass man Hilfe benötigt. Es ist auch wichtig, dass man das Netzwerk quasi schon gesponnen hat, bevor eine eventuelle Krise eintreten könnte. Generell ist im Hinblick auf soziale Beziehungen wichtig, dass man sie pflegt. Nicht erst im Ernstfall, sondern schon lange davor. Denn wir wollen nicht, dass sich die Menschen in unserem Netzwerk von uns ausgenutzt fühlen. Wenn wir sie nur kontaktieren, wenn es uns schlecht geht, wird irgendwann nicht viel davon übrig bleiben. Deshalb ist es enorm wichtig, dass du diese Kontakte regelmäßig pflegst. Ziehe aber auch Bilanz. Das heißt, schau genau hin, welche Menschen dir gut tun und welche lediglich Energieräuber sind. Wenn wir ein gutes Netzwerk aufgebaut haben und wissen, dass wir diese Menschen im Fall der Fälle mit unseren Problemen behelligen können, stärkt dies unsere innere Widerstandskraft gegen Stress. Allein das Wissen, auf ein starkes Netzwerk zurückgreifen zu können, lässt uns im Umgang mit den Herausforderungen des Lebens viel sicherer fühlen.

7. Zukunftsplanung

Die letzte Säule der Resilienz ist die Zukunftsplanung. Dies bedeutet, sich aktiv und ganz bewusst auf die Zukunft vorzubereiten. Entscheidend ist es, Ziele zu haben und genau zu wissen, was du willst. Setze dir konkrete und realistische Ziele. Formuliere deine Ziele positiv. Bei resilienten Menschen sind die Ziele, die sie sich setzen, immer Teil ihrer persönlichen Wünsche. Insofern gelingt es einem resilienten Menschen viel leichter, sein Ziel zu erreichen, als beispielsweise einer Person, die ein bestimmtes Ziel lediglich verfolgt, weil es eine Vorgabe ist.

IST RESILIENZ ERLERNBAR?

Ja, Resilienz ist erlernbar. Der Grundstein dafür wird schon in der Kindheit gelegt. Eltern können ihren Kindern die Fähigkeit beibringen, mit Krisen besser umgehen zu können. Grundsätzlich lässt sich diese innere Widerstandskraft ein Leben lang stärken und trainieren. Der Ursprung der Resilienzforschung findet sich in einer Studie mit Kindern. Die Entwicklungspsychologin Emmy Werner erforschte jahrelang die Entwicklung von Kindern auf Hawaii. Die Psychologin entwickelte Schlüsselfaktoren, welche die Resilienz bei Kindern stärken. So macht insbesondere eine sichere Bindung Kinder stark. Eltern sind die ersten und wichtigsten Personen im Leben eines Kindes. Wenn ein Kind eine emotionale Bindung zu seinen Bezugspersonen hat, stärkt dies das Vertrauen des Kindes. Das Kind lernt selbstständig zu sein und erwirbt zugleich die Fähigkeit, um Hilfe bitten zu können. Weitere Schlüsselfaktoren sind das Temperament und die Intelligenz. Resiliente Kinder sind in der Regel durchschnittlich intelligent und haben ein positives Temperament. Eine wertschätzende Haltung der Bezugspersonen gegenüber den Kindern fördert die positive innere Grundhaltung. Es ist zudem wichtig, dem Kind Werte beizubringen und seine Leistungen anzuerkennen. Diese Faktoren können die Resilienz von Kindern stärken und ermöglichen es ihnen, auch außerhalb der Familie emotionale Bindungen aufbauen. Zudem stärken sie das Selbstbewusstsein der Kinder. Aber auch wenn du als Kind nicht gelernt hast, Krisen zu bewältigen oder du dich nicht wertgeschätzt gefühlt hast, ist es nicht zu spät. Resilienz lässt sich auch im Erwachsenenalter erlernen bzw. trainieren. Bei der Resilienz geht es darum, sich nicht „unterkriegen" zu lassen. Auch wenn man in einer schwierigen Lebenssituation oder einer Krise steckt. Anstatt sich hängen zu lassen, hilflos das eigene Leben zu betrachten und sich selbst zu bemitleiden, beschreibt die Resilienz die Fähigkeit und die Kraft weiter zu machen und nicht aufzugeben. In jeder Situation das Gute zu sehen und Chancen zu erkennen. Es geht nicht darum, den Schmerz zu unterdrücken und das Leid zu verleugnen. Nimm es an und bleibe nicht in der Negativität stecken. Menschen, die über eine ausgeprägte Resilienz verfügen, kommen schneller über Rückschläge hinweg. Sie erkennen die Chance in allem, was ihnen widerfährt.

Es gibt einige prominente Beispiele die zeigen, wie wichtig es ist, Resilienz zu lernen bzw. zu trainieren. Die britische Bestsellerautorin Joanne K. Rowling beispielsweise, die Autorin und „Mutter" der Harry Potter-Bücher, hat mit ihrer Geschichte bewiesen, wie wichtig es ist, sich in Krisen nicht von Rückschlägen verunsichern zu lassen. Sie hatte es in ihrem Leben zunächst alles andere als leicht. Als alleinerziehende Mutter lebte sie von Sozialhilfe, schrieb an ihrem ersten Buch und bekam von jedem Verlag nur Absagen. Bis eines Tages ein Verlag den ersten Teil der Harry Potter-Serie mit einer Auflage von 500 Exemplaren veröffentlichen wollte. Dies war der Anfang ihrer unvergleichlichen Karriere. Mit ihren Büchern wurde sie Milliardärin und eine der bekanntesten Schriftstellerinnen weltweit. Hätte Rowling nach den ersten Absagen aufgegeben und resigniert, wäre ihre Geschichte komplett anders verlaufen. Dies ist nur ein Beispiel, das verdeutlicht, dass Rückschläge und Krisen zum Leben dazu gehören. Nur durch Weitermachen können wir sie beenden und in etwas Positives umwandeln.

WIE KANN MAN RESILIENZ TRAINIEREN?

Es gibt Menschen, die zerbrechen an einer Krise. Andere wiederum gehen gestärkt aus einem Schicksalsschlag hervor. Manche Menschen sind die berühmten Stehaufmännchen, denen auch eine Krise nichts anhaben kann. Wieder andere hingegen scheitern daran. Die Fähigkeit, einer Krise etwas Positives abzugewinnen, nennt man Resilienz. Aber wie funktioniert es genau, erfolgreich mit schwierigen Lebenssituationen klarzukommen, ohne daran kaputt zu gehen? Ob Jobverlust, eine schlimme Krankheit oder eine Scheidung - was unterscheidet diejenigen, die daran zerbrechen von denen, die so eine Situation gelassen sehen? Fakt ist, dass resiliente Menschen mit Stress und gravierenden Veränderungen im Leben besser umgehen können als Menschen, die diese Fähigkeit nicht besitzen. Resiliente Menschen sind nicht nur körperlich stabiler, sondern auch psychisch. Sie können Stress deutlich besser abhaben und sind emotional belastbarer als Menschen, denen diese Fähigkeit fehlt. Die psychische Widerstandskraft ist bei allen Menschen unterschiedlich ausgeprägt.

Um Resilienz in seinen Alltag zu integrieren, braucht es Zeit. Denn es gelingt nicht von heute auf morgen, die vorhandenen Denk- und Verhaltensmuster zu ändern. Das Wichtigste ist die positive Sichtweise. Aus einer britischen Studie aus dem Jahr 2015 geht hervor, dass regelmäßiges Training die Resilienz verbessert. Die Wissenschaftler fanden heraus, dass gezielte Resilienz-Übungen dabei helfen, das Wohlbefinden, die sozialen Kontakte sowie die beruflichen Leistungen zu verbessern. Somit können wir mit bestimmten Übungen unsere Resilienz - die psychische Widerstandskraft - stärken. Das möchte ich dir gerne an meinem eigenen Beispiel deutlich machen. Wie du bereits weißt, prägte mich als Kind der Satz von meiner Mutter: „Lass Blumen drüber regnen!". Leider hatte ich, als ich meinen ganz eigenen Schicksalsschlag erleiden musste, diesen völlig vergessen. Denn ich hatte die Fähigkeit, eine Krise zu bewältigen, bereits in meiner Kindheit gelernt. Dennoch hat es sehr lange gedauert, bis ich mich wieder daran erinnern konnte. Und du kannst mir glauben, ich arbeite nach wie vor regelmäßig an meiner Resilienz. Ich trainiere meine Fähigkeit für mehr psychische Belastbarkeit genauso, wie ich meinen Körper fit halte.

Es gibt fünf Strategien, um die psychische Widerstandsfähigkeit zu trainieren. Du solltest Resilienz jedoch nicht nur lernen, um in Krisen gestärkt zu sein. Innere Stärke ist in jeder Lebenslage von Bedeutung. Es gibt eine Reihe von Übungen, die du ganz einfach in deinen Alltag integrieren kannst. Vielleicht sagt dir nicht jede Übung zu. Das ist auch nicht relevant. Probiere einfach einige Übungen aus, die dich ansprechen:

1. Innehalten und Fluchtmodus ausschalten
2. Persönliche Ressourcen und Selbstwirksamkeitserwartung
3. Äußere und innere Dialogfähigkeit stärken
4. Selbstliebe und Achtsamkeit fördern
5. Proaktives Handeln praktizieren

1. Innehalten und Fluchtmodus ausschalten

Während einer Krise ist es oft so, dass wir weiter funktionieren wollen. Wir gestehen uns selbst keine Schwäche zu. Auch im Alltag gibt es Situationen, die uns stressen und in denen wir das Gefühl haben, alles bricht über uns zusammen. Sei es im Job, wo wir den Stapel an Aufgaben nicht fristgerecht erledigen können. Oder in der Familie: Wenn wir krank sind, das Kind quengelt, der Hund raus muss und das Abendessen noch nicht fertig ist. Egal in welcher Situation du dich gerade befindest - wenn du kurz vorm Durchdrehen bist, probiere das „Innehalten" aus. Wie das geht? Ganz einfach. Wenn du dich mitten in einer Stresssituation befindest, halte kurz inne. Nimm dir zwei Minuten Zeit und setze dich kurz hin. Entspanne dich dabei, halte den Kopf gerade und die Wirbelsäule gestreckt. Atme nun ein paar Mal tief ein und wieder aus. Konzentriere dich auf die Atmung und wie die Luft durch deinen Körper fließt. Es reicht, wenn du diese Übung für zwei Minuten machst. Damit du dich nicht erneut stressen musst, weil du die Zeit übersehen könntest, stell dir einen Timer ein. Vielleicht denkst du nun: „Was soll denn dieser Quatsch? Klingt völlig unlogisch und paradox, dass ich mich mitten in dieser absolut stressigen Situation hinsetze und vor mich hin atme!"? Aber genau darin liegt der Sinn des Ganzen. Wir sind gestresst und haben Zeitnot. Wenn wir uns nun aber für zwei Minuten auf unseren Atem konzentrieren, merken wir, wie lang eigentlich 120 Sekunden sind. Das Innehalten lässt uns erkennen, dass jeder Tag 24 Stunden hat und das eigentlich eine ganze Menge ist. Versuche doch einmal, dich drei Stunden lang nur mit dir selbst zu beschäftigen. Kein Handy, kein Fernsehen, nichts. Die Technik einfach außen vor lassen und nur mit dir selbst beschäftigt zu sein. Was könntest du alles machen? Gemütlich frühstücken, spazieren gehen, ein Kreuzworträtsel lösen, ein entspannendes Bad nehmen oder ein Buch lesen. Ganz egal, was du machst. Du wirst merken, dass drei Stunden ganz schön lang sind. Das ständige Multitasking und die permanente Ablenkung in unserem Alltag führen dazu, dass wir das Zeitgefühl verlieren. Deshalb braucht es genau so eine Achtsamkeitsübung wie das Innehalten, um zu erkennen, dass Zeit relativ ist. Und dass wir uns im Grunde genommen diesen Dauerstress selbst auferlegen.

Persönliche Standortanalyse

Eine weitere Möglichkeit zum Reflektieren ist eine Standortanalyse. Hier geht es darum, sich bewusst die momentane Lebenssituation anzusehen. Zu schauen, wo man derzeit steht. Erkenne deine Potenziale und Ressourcen.

Für deine persönliche Standortanalyse frage dich:

- Wenn ich auf mein bisheriges Leben zurückblicke, inwieweit wiederholen sich bestimmte Muster? Welche Situationen erlebe ich immer wieder?
- Wie lässt sich meine momentane Lebenssituation am besten beschreiben?
- Wofür benötige ich derzeit die meiste Energie?
- Inwieweit setze ich meine Pläne und Wünsche um?
- Welche Ziele verfolge ich derzeit in meinem Leben?
- Bin ich bereit, neue Aufgaben mit Freude zu übernehmen?
- Stehe ich ständig unter Strom? Oder kann ich auch mal „fünf gerade" sein lassen?

Resilienztest

Wie steht es denn nun um deine ganz persönliche Widerstandskraft? Mache den folgenden Resilienztest und werde dir bewusst, was du eventuell noch verbessern kannst. Führe dir vor Augen, welche Potenziale in dir stecken und welche noch schlummern.

Schreibe die folgenden Fragen auf und bewerte deine aktuelle Situation. Du kannst den Test auch auf den folgenden Seiten direkt hier im Buch durchführen. Wie du magst:

Benote von 1-5:

1 = trifft gar nicht zu
2 = trifft eher nicht zu
3 = trifft teilweise zu
4 = trifft eher zu
5 = trifft ganz sicher zu

Sieh dir deine Grundhaltung an!

Grundhaltung	Bewertung
Mein Leben ist wertvoll, lebens- und liebenswert.	1 2 3 4 5
Ich kenne meine Werte und Ansichten und weiß, dass diese auch in Krisenzeiten gültig sind.	1 2 3 4 5
Ich weiß und akzeptiere, dass es Dinge gibt, die ich nicht ändern kann.	1 2 3 4 5
Ich bin überzeugt, dass es für jedes Problem eine Lösung gibt.	1 2 3 4 5
Bei einem Problem suche ich nach Lösungen und nicht nach den Fehlern.	1 2 3 4 5
Ich weiß, dass ich alleine für mein Glück verantwortlich bin.	1 2 3 4 5
Ich bin mir selbst so viel wert, dass ich mir genug Zeit für mich und meine Bedürfnisse nehme.	1 2 3 4 5
Bei Problemen und Krisen sehe ich mich nicht als Opfer der Umstände.	1 2 3 4 5
Wenn ich merke, dass mir alles über den Kopf zu wachsen droht, nehme ich mich zurück und achte bewusst auf meine Gesundheit.	1 2 3 4 5

Wie steht es um deine persönlichen Fähigkeiten?

Persönliche Fähigkeit	Bewertung
Ich weiß, dass ich für die Entscheidungen in meinem Leben selbst verantwortlich bin. Und dass ich jede Situation durch mein Handeln mitgestalten kann.	1 2 3 4 5
Neue Situationen ängstigen mich nicht. Ich passe mein Denken und Verhalten mühelos an die Veränderungen an.	1 2 3 4 5
Ich bin Neuem gegenüber grundsätzlich aufgeschlossen und freue mich, mir neue Fähigkeiten und Wissen anzueignen.	1 2 3 4 5
Ich lerne aus meinen Erfolgen und auch aus meinen Misserfolgen.	1 2 3 4 5
Meine Ziele verliere ich nie aus den Augen. Ich stecke mir stets erreichbare Ziele.	1 2 3 4 5
Ich kann auch über mich selbst lachen und verliere nie den Humor.	1 2 3 4 5
Meine Gefühle und Emotionen nehme ich ganz bewusst wahr.	1 2 3 4 5
Ich bin einfallsreich und habe viel Fantasie.	1 2 3 4 5
Mir sind meine Stärken und Schwächen bewusst.	1 2 3 4 5
Wenn ich kritisiert werde, bin ich nicht beleidigt. Ich nehme die konstruktive Kritik als Chance wahr, an mir zu arbeiten.	1 2 3 4 5
Ich versuche immer ich selbst zu sein und verstelle mich nicht.	1 2 3 4 5
Meine Wünsche setze ich in die Tat um und freue mich auf neue Herausforderungen.	1 2 3 4 5

EINFÜHRUNG IN DAS IMMUNSYSTEM DER SEELE | 51

Überprüfe deine sozialen Fertigkeiten!

Soziale Fähigkeit	Bewertung
Meine Familie und meine Freunde bedeuten mir viel.	1 2 3 4 5
Ich kann auch mit Bekannten und Kollegen über private Dinge sprechen.	1 2 3 4 5
Ich bin einfühlsam und kann mich gut in die Probleme anderer hineinversetzen.	1 2 3 4 5
Auch wenn ich in stressige Situationen gerate - z.B. im Stau stehen, in der Schlange im Supermarkt - bleibe ich gelassen und nehme die Dinge als gegeben hin.	1 2 3 4 5
Ich kann anderen zuhören, wenn sie mir von ihren Problemen erzählen.	1 2 3 4 5
Ich habe kein Problem damit, um Hilfe zu bitten, wenn ich sie benötige.	1 2 3 4 5
Ich pflege regelmäßig meine Kontakte und nehme mir Zeit für andere.	1 2 3 4 5
Gerne lese ich Geschichten und Biografien von Menschen, die mich inspirieren.	1 2 3 4 5
Ich bin offen und liberal eingestellt. Ich begegne fremden Kulturen mit Respekt und Wertschätzung.	1 2 3 4 5
In meinem Umfeld gibt es zumindest eine Person, mit der ich Freud und Leid teilen kann. Diese Beziehung ist für mich bereichernd und wertvoll.	1 2 3 4 5
Wenn andere in Not geraten, helfe ich wo ich kann, ohne eine Gegenleistung zu erwarten.	1 2 3 4 5
Ich höre mir verschiedene Standpunkte an und beharre nicht auf meiner Meinung.	1 2 3 4 5

Wie steht es um deine Ressourcen in der Arbeitswelt?

Ressourcen in der Arbeitswelt	Bewertung
Meine Arbeit ist für mich eine Bereicherung und keine Belastung.	1 2 3 4 5
Ich bringe meinen Kunden und Kollegen Wertschätzung entgegen.	1 2 3 4 5
In Stresssituationen bleibe ich emotional stabil und meine Leistungsfähigkeit lässt nicht nach.	1 2 3 4 5
Ich verfüge über ein gutes Zeitmanagement. Das heißt, ich kann meine mir gestellten Aufgaben in einem gewissen Zeitrahmen lösen, ohne auf genügend Erholungszeiten verzichten zu müssen.	1 2 3 4 5
Beruflich bin ich ein Teamplayer und unterstütze meine Kollegen, so gut ich kann.	1 2 3 4 5
Wenn ein Kollege oder Kunde schlecht gelaunt ist und mich anschreit oder beschimpft, bleibe ich ganz in meiner Mitte. Diese Situation löst bei mir keine oder nur geringe Gefühle wie etwa Ärger oder Frustration aus.	1 2 3 4 5
Ich scheue mich nicht davor, um Hilfe zu bitten, wenn ich ein Problem habe oder überfordert bin.	1 2 3 4 5
Stress bei der Arbeit baue ich durch körperliche oder anderen ausgleichende Aktivitäten ab, die mir Freude bereiten.	1 2 3 4 5

Nachdem du nun alle Fragen beantwortet hast, werte dein Ergebnis aus. Markiere nun alle Aussagen, die du mit 4 oder 5 benotet hast in Grün. Alle Aussagen, die du mit 1 oder 2 benotet hast, markierst du rot. Eine 3 bleibt farblos. Du siehst jetzt ganz deutlich, wo du noch Aufholbedarf hast und Potential nach oben besteht. Alle grün markierten Aussagen zeigen dir, über welche Ressourcen du schon verfügst. Gibt es denn einige Aussagen, die noch nicht zu deinen Fertigkeiten gehören? Dann notiere dir diese auf einem Blatt Papier und schenke diesen Bereichen in Zukunft mehr Beachtung.

2. Persönliche Ressourcen und Selbstwirksamkeitserwartung

Was genau sind persönliche Ressourcen? Jedem Menschen stehen unterschiedliche Anlagen und Eigenschaften zur Verfügung, um sein ganzes Potenzial ausschöpfen zu können. Darunter zählen unter anderem Charaktereigenschaften, Fertigkeiten, Wissen, Talente, Erfahrungen, Bildung oder Motivation. Diese Ressourcen kann man auch als innere Ressourcen bezeichnen, da nur wir alleine diese Aspekte beeinflussen können. Natürlich kann eine andere Person dabei helfen, z.B. deine Motivation zu steigern. Jedoch kannst nur du selbst diese Dinge umsetzen. Resiliente Menschen wissen, dass sie jede Herausforderung meistern können. Sie verfügen über die Kontrolle in ihrem Leben und vertrauen ihren eigenen Kompetenzen.

Versuche einmal, deine persönlichen Ressourcen aufzuschreiben. Denke an eine besondere Krisensituation in deinem Leben und frage dich selbst, wie du diese Krise gemeistert hast. Schreibe dir alles auf. Notiere dir deine Stärken. Ich bin sicher, du hast viele Stärken. Wenn es dir schwerfällt, frage doch eine dir nahestehende Person, welche besonderen Fähigkeiten sie bei dir sieht.

Mach dir auch bewusst, dass du nicht alleine bist. Du musst nicht alles im Alleingang machen. Und es ist auch keine Schande, wenn man um Hilfe bittet. Nimm wieder ein Blatt Papier, zeichne einen Kreis in die Mitte des Blatts und schreibe deinen Namen in den Kreis. Überlege dir nun, welche wichtigen Personen in deinem Umfeld sind. Notiere dir die Namen rund um den Kreis. Nimm dir nun einen roten und einen grünen Stift. Mach zu jedem Namen ein grünes Plus, wenn die Person dir Kraft gibt. Mit einem roten Stift zeichnest du nun ein Minus zu den Namen, die dich Kraft kosten. Wenn du fertig bist, betrachte das Blatt Papier. Es verdeutlicht, welche Menschen dir gut tun und welche Personen Energie und Kraft kosten. Denke immer daran, dass ein gut funktionierendes Netzwerk ein ausgewogenes Geben und Nehmen bedeutet.

Eine weitere Übung für das Entwickeln persönlicher Ressourcen ist, dir all die positiven Eigenschaften und Fähigkeiten von Menschen in deinem Umfeld zu notieren. Diese können dein Chef, Arbeitskollegen, Nachbarn, Bekannte, Freunde und nicht zuletzt deine Familie sein. Nimm dir dazu ein weiteres Blatt Papier zur Hand und erstelle eine Liste mit den für dich wichtigen Menschen. Schreibe dir alle wertvollen Charaktereigenschaften und Talente dieser Personen auf. Welche dieser Wesenszüge und Begabungen würdest du dir auch für dich wünschen? Nutze diese Aufstellung doch einfach, um selbst mehr von diesen Wesenszügen und Qualitäten zu entwickeln.

Dankbarkeitstagebuch

Das Führen eines Dankbarkeitstagebuchs ist eine wunderbare Möglichkeit, das positive Denken zu trainieren. Schreibe dir jeden Tag schöne Erlebnisse, Begegnungen und Situationen auf, die gut gelaufen sind und für die du dankbar bist. Wenn du beispielsweise jeden Tag drei Dinge aufschreibst, die dich fröhlich gestimmt haben, kannst du dir in einem Jahr 1095 schöne und positive Erlebnisse vor Augen halten. Das Ganze dauert nur wenige Minuten und ist sozusagen dein ganz eigener „Optimismus-Boost". Um dir den Start so einfach wie möglich zu gestalten, kannst du dir als Leser dieses Buches dein eigenes, kostenloses Dankbarkeitstagebuch herunterladen und direkt loslegen. Den Link findest du am Anfang und Ende dieses Buches.

Affirmationen

Arbeite täglich mit positiven Affirmationen. Denn diese helfen dir dabei an deiner Selbstliebe und dem positiven Denken zu arbeiten. Eine Affirmation ist ein positiver und lebensbejahender Satz, den man so oft es geht wiederholt und mit dem wir so quasi unsere Gedanken umprogrammieren. Unsere Gedanken beeinflussen unser Verhalten und letztendlich können wir auf diese Weise unser Verhalten ändern. Diese Technik ist eine sehr effektive Methode aus dem Mentaltraining. Der Sinn dahinter ist, dass wir durch das stetige Wiederholen der Sätze unsere Gedanken und infolgedessen auch unser Verhalten ändern. Das geschieht natürlich nicht über Nacht und auch nicht, wenn man die Affirmationen nur sporadisch ausspricht. Ebenso ist es von zentraler Bedeutung, die Affirmation richtig zu formulieren. Vielleicht glaubst du nicht daran, dass man sein Unterbewusstsein umprogrammieren kann. Ganz ehrlich? Als ich das erste Mal davon gehört habe, dachte ich auch, dass das nur irgendein Humbug ist. Aber ich wurde eines Besseren belehrt und kann dir diese Technik wirklich ans Herz legen. Damit unser Unterbewusstsein dauerhaft alte Glaubenssätze überschreibt und neue verinnerlicht, benötigt es ungefähr 21 Tage. Das heißt, du musst an 21 aufeinanderfolgenden Tagen konsequent deine Affirmation nutzen und sie aussprechen. Bei der Formulierung ist darauf zu achten, dass der Satz kurz gehalten und positiv ist. Ebenso sollte die Affirmation in der Gegenwart formuliert sein. Dein Unterbewusstsein soll vermittelt bekommen, dass der Zustand bereits erreicht ist. Zwei sehr mächtige Worte sind „Ich bin". Natürlich muss nicht jede Affirmation mit „Ich bin" beginnen. Verwende Sätze, mit denen du in Resonanz gehst, die sich stimmig anfühlen. Dabei macht es keinen Unterschied, mit welchem Wort du beginnst.

Diese Affirmationen sind kurz und prägnant:

„ICH BIN VOLLKOMMEN GESUND."
„ICH BIN STOLZ AUF MICH, SO WIE ICH BIN."
„ICH BIN WERTVOLL."
„ICH BIN SELBSTBEWUSST."
„ICH BIN ERFOLGREICH."
„ICH BIN GLÜCKLICH."
„ICH SORGE GUT FÜR MICH."
„ICH LIEBE MICH SELBST."
„ICH ZIEHE GELD MAGNETISCH AN."
„ICH ÖFFNE MICH FÜR FINANZIELLE FÜLLE."
„ICH LIEBE MICH UND BIN ES WERT, GELIEBT ZU WERDEN."
„ICH GENIESSE JEDEN AUGENBLICK IN MEINEM LEBEN."

Es gibt sehr viele Affirmationen, die du anwenden kannst. Überlege dir, welche Affirmationen für dich im Moment die Richtigen sind. Du kannst dir auch einen eigenen Glaubenssatz ausdenken, der für dich passend ist.

Erfolgsjournal erstellen

Was denkst du, haben fast alle Erfolgsmenschen gemeinsam? Sie führen ein Erfolgsjournal. Diese Menschen notieren sich täglich ihre Erfolge, Visionen und Ziele. Ein Erfolgsjournal zu führen, zeigt dir im Lauf der Zeit, welche Erfolge dir wichtig sind.

Nimm dir hierfür ein Notizbuch und notiere dir jeden Tag drei Erfolge. Begründe, weshalb dies ein Erfolg für dich ist. Vielleicht meinst du, dass es nicht notwendig ist, alles aufzuschreiben. Aber Tatsache ist, man vergisst viel zu schnell. Von daher ist es wirklich lohnenswert, wenn du täglich deine persönlichen Erfolgserlebnisse aufschreibst. Dabei ist es auch vollkommen egal, worum es in deinem Erfolgsjournal geht. Erfolge in Beruf, Familie oder sportliche Leistungen. Wichtig ist, dass du es tust. Notiere dir einfach Dinge, die dir im Laufe des Tages gut gelungen sind.

Es gibt jedoch eine Regel: „Wenn du etwas nicht begründen kannst, ist es auch nichts wert". Überlege dir also auch stets, wieso du diese Einträge notierst. Wieso sie für dich Erfolge darstellen. Beispiele könnten sein:

„Die Verkäuferin im Supermarkt hat mich freundlich angelächelt und ich konnte dies erwidern."

- Meistens nimmst du gar nicht wahr, ob beim Einkaufen jemand besonders freundlich ist.

„Ich bin heute mit dem Fahrrad in die Firma gefahren."

- Du hast dir schon öfter vorgenommen, das Auto zuhause zu lassen und mit dem Fahrrad zu fahren. Bis jetzt hast du aber täglich neue Ausreden erfunden.

„Heute bin ich viel früher aufgestanden als sonst."

- Normalerweise drückst du mindestens dreimal auf Snooze, bevor du aus dem Bett kommst.

„Ich habe endlich meine Fenster geputzt."

- Seit fünf Wochen nimmst du dir jeden Tag vor, die Fenster zu putzen.

„Heute habe ich es gewagt, den Chef um eine Gehaltserhöhung zu bitten."

- Du nimmst dir bereits seit Monaten das Gespräch mit deinem Chef vor, aber hast dich nicht getraut, weil es dir unangenehm war.

„Ich war wieder einmal im Fitnessstudio und habe trainiert."

- Du zahlst monatlich die Gebühr für das Fitnessstudio und hast es seit drei Monaten nicht genutzt.

„Beim Mittagessen im Büro habe ich mich sehr gut mit meiner neuen Kollegin unterhalten."

- Du bist eher der introvertierte Typ und stehst nicht so auf Smalltalk unter Kollegen.

„Heute habe ich es geschafft, das Altpapier zu entsorgen."

- Die Tüten mit dem Altpapier haben bereits den Flur verstellt. Jedoch hattest du wochenlang keine Lust, die Tüten mit herunterzunehmen.

Tägliche Ziele

Versuche dir über den Tag verteilt kleine Ziele[19] zu stecken. Wichtig ist die Kontinuität, also das Dranbleiben und die Art der Ziele. Setze dir realistische Ziele. Diese sollten dich weder über- noch unterfordern. Wichtig ist es einfach, dass die Ziele nicht zu groß gesteckt sind. Wenn du beispielsweise im Jahr 40.000 Euro verdienst, wird es wohl kaum realistisch sein, dir als Ziel 20.000.000 Euro Verdienst im nächsten Jahr zu setzen. Wenn du ein Ziel herunterbrechen und dir sozusagen kleine Teilziele stecken kannst, wirst du langfristig erfolgreicher und glücklicher sein. Es wird zudem deinen Stress vermindern, wenn die Ziele realistisch sind.

Eine gute Methode ist auch das sogenannte SMART-Modell. Hier geht es darum, dass du dir deine Ziele ansiehst und notierst, wie S (spezifisch), M (messbar), A (ausführbar), R (realistisch) und T (termingerecht) sie sind.

Beispielsweise wäre das:

S – spezifisch (so konkret wie möglich benennen): Anstatt „ich will gesünder leben" zum Beispiel: Ich möchte regelmäßig Sport treiben / Ich möchte Stress abbauen / Ich möchte abnehmen.

M – messbar (womit du die Fortschritte messen kannst): Ich mache drei Mal die Woche Sport / Ich mache drei Mal die Woche Yoga / Ich möchte so viel abnehmen, dass ich einen gesunden BMI von 24 erreiche.

A – ausführbar (es muss etwas sein, was du selbst tun kannst): Ich fange mit Joggen an / Ich suche mir auf „Youtube" passende Angebote heraus, damit ich zu Hause trainieren kann / Ich mache Intervallfasten

R – realistisch (das Ziel muss in dein normales Leben passen und mit moderatem Aufwand nachhaltig umsetzbar sein): Nicht gleich einen Marathon planen, wenn du noch nie gelaufen bist, sondern eher einen Anfänger-Trainingsplan suchen. Mit kleineren Zeiteinheiten anfangen, wie zum Beispiel 15 Minuten Yoga am Tag. Und beim Abnehmen in einem gesunden, nachhaltigen Rahmen bleiben (1-5 Kilogramm pro Monat ist realistischer als 20 Kilogramm).

T – termingerecht (wann genau mache ich was, bis wann): Ich plane die Läufe des Trainingsplans fix in meinem Kalender (z.B. Dienstag, Donnerstag und Samstag je eine halbe Stunde) / Ich mache abends vor dem Schlafengehen eine Runde Yoga vor dem Fernseher / Ich mache ein halbes Jahr lang Intervallfasten nach der Methode 16:8 bzw. bis ich ein gesundes Gewicht erreicht habe.

Konkret würde ein fertig formuliertes Ziel dann so aussehen:

Ich möchte fitter sein und werde darum mit Joggen anfangen. Dafür habe ich mir einen Trainingsplan für Anfänger besorgt. Ich werde dienstags, donnerstags und samstags laut Plan je eine halbe Stunde trainieren und so in 8 Wochen in der Lage sein, 5 Kilometer am Stück zu joggen. Die Trainingstermine trage ich fix in meinen Kalender ein.

Oder:

Ich möchte besser mit meinem Stress umzugehen. Dafür suche ich mir auf Youtube einen Yogakurs und werde ab heute jeden Abend 2 Monate lang vor dem Schlafengehen 15 Minuten Yoga machen.

Oder:

Ich möchte gesünder leben und mein Gewicht reduzieren. Mein Ziel ist es, innerhalb des nächsten halben Jahres einen gesunden BMI zu erreichen, dafür muss ich 5 Kilogramm abnehmen. Ich werde ab Montag mit Intervallfasten beginnen nach der Methode 16:8 – ich verzichte auf das Frühstück und werde um 12 mit den Kollegen in der Kantine die erste Mahlzeit zu mir nehmen. Die letzte Mahlzeit wird es um 20 Uhr geben.

Egal, um welche Ziele es sich handelt, lege immer einen realistischen Zeitraum fest und setze dir eine Frist. Wenn du beispielsweise im Mai heiraten und bis dahin 20 Kilo abnehmen willst, bringt es nichts, erst im April mit der Diät zu beginnen. Es ist wirklich wichtig, dass du in jeder Hinsicht realistisch bist, was deine Ziele betrifft. Bleib dran und lege dir eine Routine zurecht. Überprüfe auch deine Fortschritte. Und ganz wichtig ist: Gehe einen Schritt nach dem anderen. Wenn du dir zu viel auf einmal vornimmst, ist es sehr wahrscheinlich, dass du schnell frustriert bist und die Motivation verlierst. Sei dir auch bewusst, dass du auf dein Ziel hinarbeiten musst. Das bedeutet, einen Schritt nach dem anderen zu machen. Beim Beispiel mit dem „gesünder Leben": Nur die Ernährung umzustellen, wird langfristig gesehen nicht wirklich was bringen. Zu einem gesunden Leben gehört viel mehr. Sport treiben, ausreichend Schlaf, Stress minimieren und einiges mehr. Also setze dir lieber immer wieder kleine Ziele, die auch realistisch sind.

3. Äußere und innere Dialogfähigkeit stärken

Um mit anderen kommunizieren zu können, setzt es voraus, dass wir die „innere Dialogfähigkeit" beherrschen. Wenn wir mit uns selbst gut umgehen, einen inneren Dialog mit uns selbst führen und auf unsere innere Stimme hören können, befähigt uns dies auch auf äußere Stimmen und somit auf andere Personen hören zu können. Es ist wichtig, dass wir uns regelmäßig in andere hineinversetzen. Somit steigern wir unser Einfühlungsvermögen und verbessern unsere Kommunikation mit anderen. Dies ist so wichtig, weil Missverständnisse und Probleme in der Kommunikation eine der häufigsten Ursachen für Streit und Krisen sind. Auf diese Weise steigern wir insgesamt unsere Resilienz.

Empathie steigern

Die gute Nachricht: Mitgefühl kann man lernen. Es ist nicht jeder Mensch mit der Gabe ausgestattet, sich in andere hineinfühlen zu können. Es geht hier auch nicht darum, Mitleid zu haben, wenn es jemandem schlecht geht. Empathie ist die Fähigkeit, sich in andere hineinzuversetzen. Das Leid zu verstehen – aber nicht „mitleiden", sondern „mitfühlen". Dies ist ein großer Unterschied. Vielen Menschen fällt es von Haus aus leicht, sich in andere Personen hineinzuversetzen. Die Empathie ist eines der Dinge, die Resilienz ausmachen. Die einfachste Methode, um empathischer zu werden, ist folgende: Versetze dich in die Lage des Anderen und versuche zu verstehen, warum diese Person genauso fühlt, denkt und handelt, wie es eben gerade der Fall ist. Um Empathie überhaupt entwickeln und steigern zu können, ist das Wichtigste: „Nimm dich selbst wahr". Die eigene Selbstwahrnehmung oder die eigenen Gefühle wahrzunehmen, ermöglicht es erst andere Menschen zu verstehen.

4. Selbstliebe und Achtsamkeit fördern

Die Selbstliebe[20] ist ein Zustand der Wertschätzung für uns selbst. Wenn wir uns selbst wertschätzen, also unseren Wert anerkennen, können wir uns den Herausforderungen des Lebens selbstbewusst stellen. Die Liebe zu uns selbst hat nämlich einen enormen Einfluss auf unser gesamtes Leben. Die Wertschätzung sich selbst gegenüber lässt sich weder kaufen noch durch eine Beziehung erlangen. Jedoch gibt es hilfreiche Tipps, mit denen wir unser Selbstbewusstsein steigern und die Liebe zu uns selbst wachsen kann. Eine gute Methode, um stärkere Selbstliebe zu erlangen, kennst du bereits - die Achtsamkeit. Es gibt immer wieder Situationen, in denen wir selbst unser größter Kritiker sind und negativ über uns selbst denken. Wenn du diese negativen Gedanken an dir wahrnimmst, beginne doch mit der Achtsamkeitsmeditation. Dabei sollst du deine Gedanken beobachten, ohne sie zu bewerten.

Nehmen wir ein Beispiel: Du lernst seit Wochen für eine Prüfung und kannst eigentlich alles. Einen Tag davor schleicht sich der Gedanke ein, dass du die Prüfung unmöglich schaffen kannst. Du weißt gar nichts mehr. Der Kopf ist leer und es ist besser, alles hinzuschmeißen. Die Laune ist im Keller, du fühlst dich als Versager und Nichtsnutz. Du sagst dir selbst: „Also ich brauche morgen erst gar nicht zur Prüfung hingehen. Ich weiß ohnehin nichts mehr. Ich bin viel zu dumm. Allein die Idee, diese Prüfung absolvieren zu wollen, ist vollkommener Unsinn." Du fühlst dich schlecht und dein Selbstbewusstsein ist im Keller. Dann probiere die Achtsamkeitsübung. Du kannst dir nun sagen: „Okay, diese Gedanken sind sehr negativ und ich verstehe auch, dass ich im Moment so empfinde. Das ist in Ordnung und alles ist gut so, wie es ist. Jedoch gibt es einen Grund, weshalb ich mich überhaupt zu dieser Prüfung angemeldet habe. Ich habe viel gelernt und ich kann es schaffen, denn ich weiß eigentlich alles. Das Beste ist jetzt, die Bücher weg zu legen, früh ins Bett zu gehen und morgen ausgeschlafen zur Prüfung zu gehen. Alles ist gut."

Mit dieser Achtsamkeitsübung nimmst du deine Gedanken und Emotionen an, bewertest diese aber nicht. Distanziere dich von deinem inneren Kritiker.

Weitere Tipps für mehr Eigenliebe:

„Kümmere dich mehr um dich selbst."

Beobachte doch einmal prominente Menschen. Sie sind selbstbewusst und strahlen das auch aus. Diese Menschen kümmern sich sehr gut um sich selbst. Sie ernähren sich bewusst und halten ihren Körper fit. Sie umgeben sich mit Menschen, die ihnen gut tun und achten auf eine gesunde Mischung aus Erholung und Arbeit.

„Umgib dich mit Menschen und Situationen, die dir gut tun."

In unserem Leben können wir uns nicht immer aussuchen, mit welchen Menschen wir zu tun haben. Auch gibt es Situationen, die uns nicht gut tun und die wir nicht so einfach ändern können. Jedoch können wir wählen, welche Menschen uns nahe sein dürfen und welche Situationen wir weiter hinnehmen wollen. Unser Leben ist nicht unendlich und wir sollten uns gut überlegen, wie und mit wem wir unser Leben verbringen möchten. Jeder hat in seinem Umfeld mit Sicherheit einen Menschen, der in einer Negativität lebt und uns mit dieser negativen Energie herunterzieht. Auch gibt es Situationen, die uns ganz und gar nicht guttun. Haben wir beispielsweise jeden Sonntagabend bereits Bauchschmerzen, wenn wir an den Montag denken, sollten wir uns überlegen, ob wir uns nicht eine andere Arbeitsstelle suchen sollen.

5. Proaktives Handeln praktizieren

Resiliente Menschen haben die Fähigkeit auch in aussichtslos erscheinenden Situationen proaktiv handeln zu können. Sie lassen sich nicht von ihrer Krise beherrschen. Sie lassen sich nicht zum Opfer machen. Sie handeln „proaktiv" und nicht „reaktiv". Das heißt, diese Personen handeln und tun etwas, bevor die eigentliche Situation sie zu einer Reaktion zwingt. Sie schaffen es, ihre Krise mit ihren eigenen Ressourcen zu überwinden. Wichtig ist, dass du in deiner ganz persönlichen Krise bewusst Entscheidungen triffst. Außerdem Lösungen für dein Problem findest und planst, wie du deine Krise überwinden kannst. Durch eine Krise können wir wirklich viel über uns selbst lernen. Und sie lässt sich auch nicht von einem Tag auf den anderen überwinden. Aber wenn wir lernen, resilient zu sein, lässt sich in jeder Krise eine Lösung finden. Denn innere Stärke entsteht aus der Fähigkeit, dass wir aus allem das Beste machen und uns nicht unterkriegen lassen. Wir stehen zu dem, was und wer wir sind.

Ein Beispiel von einem reaktiven bzw. proaktiven Menschen können wir tagtäglich im Berufsleben beobachten: Es gibt die reaktiven Mitarbeiter, die nur dann etwas machen, wenn der Chef es ihnen explizit aufträgt und sie quasi dazu „zwingt". Dem gegenüber stehen proaktive Mitarbeiter, die von sich aus überlegen: „Was kann ich effektives gerade tun? Was kann ich beitragen? Wie kann ich produktiv sein? Wie kann ich das Projekt voranbringen" Und das ohne, dass der Chef ihnen alles mundgerecht serviert.

Wie du in diesem Kapitel lesen konntest, gibt es viele Möglichkeiten, um deine seelische Widerstandskraft zu stärken. Es ist von enormer Bedeutung, dass wir uns nicht als Opfer der Umstände sehen. Wir haben unser Glück selbst in der Hand. Egal, was uns geschehen ist. Wir können unsere Vergangenheit loslassen, wenn wir bereit sind, die Verantwortung für unser Leben zu übernehmen. Es ist am Anfang immer schwer. Weil einfach nichts mehr ist, wie es war. Für mich war es damals ganz wichtig zu verstehen, dass ich nicht alleine bin. Meine Familie hatte denselben Schicksalsschlag zu verarbeiten. Und in der Selbsthilfegruppe waren ebenfalls viele Menschen, denen es ähnlich ging wie mir. Öffne deine Augen. Auch du wirst sehen, dass du dies alles nicht alleine bewältigen musst.

4
DIE KRAFT DES POSITIVEN DENKENS

„Auch aus Steinen, die einem in den Weg gelegt werden, kann man Schönes bauen."

— JOHANN WOLFGANG VON GOETHE

IST DAS GLAS HALB LEER ODER HALB VOLL?

Für mich persönlich ist das Glas immer halb voll. Ich habe nicht trotz, sondern gerade durch meinen Schicksalsschlag gelernt, das Positive in allem zu sehen. Ich musste natürlich auch lernen, mich vom Pessimisten zum Optimisten zu wandeln. Also keine Sorge, denke dir nichts, wenn du momentan eher zu den Schwarzsehern gehörst. Das lässt sich umstellen. Man muss nur manchmal den Blickwinkel ändern. Und wenn du derzeit in einer Krise steckst, verlangt auch niemand, dass du von einer Sekunde zur nächsten wieder positiv in die Zukunft blickst. Was ich dir aber sagen möchte: Wenn du ein Optimist bist, hast du es im Leben viel einfacher. Man ist viel zufriedener, wenn man eine positive Grundhaltung besitzt. Die meisten Menschen behaupten von sich, dass sie die Dinge ganz objektiv betrachten. Aber eigentlich ist es ja so, dass wir unseren eigenen Standpunkt haben und meist auf diesen beharren. Das ist grundsätzlich schon in Ordnung, nur manchmal sollten wir unseren Blickwinkel ändern, da wir sonst in unserer Betrachtungsweise oft sehr eingeschränkt sind. Ich weiß aus persönlicher Erfahrung, dass man das Leben nicht immer durch die rosarote Brille sehen kann und auch nicht sollte. Wenn mir jemand erzählt, dass er immer mit einem Lächeln durch die Welt spaziert, kann ich das nicht ganz glauben. Es gibt eben nun mal gute und schlechte Tage. Aber wichtig ist einfach, dass die Positivität überwiegt. Ich bin der Meinung, dass wir wirklich versuchen sollten, das Leben, so gut es geht, positiv zu sehen. Ich denke sehr oft an ein Zitat von Sir Winston Churchill. Der sagte einst: „Ein Pessimist sieht die Schwierigkeit in jeder Gelegenheit; ein Optimist sieht die Gelegenheit in jeder Schwierigkeit." Genau so sehe ich das auch. Deshalb sollten wir, auch wenn es manchmal schwierig ist, die Chance erkennen, die sich uns bietet.

FORMEL FÜR EIN GLÜCKLICHES LEBEN - 3:1 PRINZIP

Viele Menschen sind der Meinung, dass positives Denken bedeutet, sich alles schönzureden. Das stimmt so nicht. Zumindest sehe ich das nicht als die richtige Herangehensweise an. Durch positives Denken verleugnen wir weder die Realität noch blenden wir alles Negative aus. Wir beginnen nur die Dinge und Situationen anders zu beurteilen. Wir akzeptieren in Situationen die negativen Seiten, richten unseren Fokus jedoch auf die positiven Aspekte. In der Positiven Psychologie gibt es einen sogenannten „Positiven Quotienten"[21]. Dies ist ein Indikator[22], um sich wohlzufühlen und, subjektiv gesehen, „glücklich" zu sein. Im besten Fall liegt das Verhältnis bei 3:1. Das heißt, drei positiven Gedanken (und damit in Verbindung stehende Emotionen/Gefühle) steht nur ein negativer Gedanke gegenüber. Für eine dauerhafte Gesundheit und ein erfülltes Leben sollte das Verhältnis von positiven zu negativen Augenblicken mindestens 3:1 sein. Denn die negativen Gefühle schaden uns vielmehr, als positive Emotionen ausgleichen können.

Die US-amerikanische Psychologin Barbara L. Fredrickson[23] befasst sich seit vielen Jahren mit der „Positiven Psychologie" und erklärt das 3:1 Prinzip mittels einer Metapher sehr gut:

Sie vergleicht es mit einem Segelschiff. Jedes Segelschiff hat einen Schiffsmast und einen Kiel. Der Mast, an dem das Segel befestigt ist, ist ungefähr dreimal so lange wie der Kiel. Der Mast befindet sich an der Oberfläche. An ihm sind die Segel befestigt, durch die der Wind eingefangen wird und das Schiff sich fortbewegt. Unter dem Schiff befindet sich der Kiel. Er ist quasi das Rückgrat. Ohne diesen Kiel würde man ein Segelschiff nicht navigieren können. Wenn man nun die positiven Gefühle mit dem Mast vergleicht und die Negativen mit dem Kiel, wird ersichtlich, dass das eine ohne das andere nicht funktioniert. Die positive Lebenseinstellung bringt uns voran. Jedoch brauchen wir auch ein gewisses Maß an Negativität, damit wir auf Kurs bleiben und navigieren können. Und das ist auch gut so, weil niemand nur positiv denken kann. Das funktioniert einfach nicht. Das heißt, wir benötigen auch negative Gedanken, um vorwärts zu kommen.

NEGATIVE GEDANKEN UMWANDELN

Positiv Denken ist nicht so einfach, wie sich es sich vielleicht anhört. Ich kann mich noch gut erinnern, als ich damals den Unfall hatte. Da war es für mich unmöglich, auch nur irgendetwas positiv zu sehen. Es gab nichts, dass mich auch nur ein wenig von meinem Schmerz ablenken konnte. Ich war wie gelähmt, die Gedanken haben mich meiner Lebensfreude beraubt und ich hatte eine verzerrte Sichtweise. Heute weiß ich, dass negative Gedanken einfach dazugehören. Und wenn ich mich einmal selbst dabei ertappe, negativ zu denken, sage ich innerlich: „Stopp!". Dann versuche ich, die negativen Gedanken in positive umzuwandeln. Ich bediene mich gerne einer Methode von Byron Katie, einer großartigen Bestsellerautorin. Die Methode nennt sich „The Work". Hier geht es darum, seine Gedanken zu identifizieren, zu hinterfragen und umzukehren. Sozusagen ein Weg zum inneren Frieden und zum Frieden mit der Welt. Mit ihrer Methode kann ich meine negativen Gedanken-Konstruktionen aufdecken und sie auflösen.

Die vier Fragen lauten[24]:

- Ist das wahr?
- Kann ich mit absoluter Sicherheit wissen, dass das wahr ist?
- Wie reagiere ich bzw. was passiert, wenn ich diesen Gedanken glaube?
- Wer wäre ich ohne diesen Gedanken?

Lass dir beim Beantworten der Fragen etwas Zeit und schreibe die Fragen und Antworten auf. Spüre in dich hinein, wenn du die Fragen beantwortest. Nehmen wir zum Veranschaulichen ein Beispiel aus meinem Leben. Als ich damals im Rollstuhl saß, war mein Selbstbewusstsein im Keller. Ich konnte ja nichts mehr machen. Ich bemitleidete mich selbst und war der Meinung: „Ich bin nichts wert."

Die Fragen lauten bei meinem Beispiel:

- Ist das wahr? - Ist das wahr, dass ich nichts wert bin? Warum denke ich das? Vergleiche ich mich mit anderen?
- Kann ich mit absoluter Sicherheit wissen, dass das wahr ist? - Habe ich noch nie etwas Wertvolles geschaffen? Weiß ich mit Sicherheit, dass andere so von mir denken? Kann ich mir selber irgendwie beweisen, dass ich nichts wert bin?
- Wie reagiere ich bzw. was passiert, wenn ich diesen Gedanken „Ich bin nichts wert" glaube? - Welche Emotionen löst dieser Gedanke in mir aus? Bin ich wütend, angespannt und gestresst? Wo in meinem Körper spüre ich diese Gefühle und Empfindungen? Wie gehe ich bei diesem Gedanken mit mir selbst um? Werte ich mich noch mehr ab?
- Wer wäre ich ohne den Gedanken „Ich bin nichts wert"? - Wäre mein Leben anders, wenn ich diesen Gedanken nicht hätte? Wie würde ich mich fühlen, wenn ich diesen Gedanken nicht hätte? Wie würde es sich in meinem Herz anfühlen? Würde sich mein Herz schwer oder leicht anfühlen?

Wenn du dir diese Fragen ehrlich beantwortest, kannst du deine Gedanken umkehren. Schaue dabei ganz bewusst auf deine Emotionen, wenn du die Umkehrübung machst. Wir nehmen wieder den Gedanken „Ich bin nichts wert."

- Ich bin wertvoll und liebenswert.
- Ich nehme mich so an, wie ich bin.
- Ich behandle mich liebevoll und respektiere mich.
- Ich erkenne nun meine Stärken.

Du kannst diese Methode bei allen negativen Gedanken anwenden. Es wird vermutlich nicht auf Anhieb funktionieren, dass du die Gedanken umkehrst und das auch wirklich glaubst. Ich kenne das selbst ganz genau. Und ich weiß nur zu gut, dass man nicht nur einen Schalter umlegen muss und alles ist anders.

Positives Denken bedeutet auch, dass man sich selbst Fragen stellt. Beispielsweise können diese lauten:

- Was ist das Gute daran?
- Was gewinne ich aus der Situation?
- Was kann ich daraus lernen?
- Habe ich das verursacht und ist es mein Verdienst?
- Bringt es mich weiter?

Je mehr man sich mit dem Problem oder der Situation auseinandersetzt und hinterfragt, umso eher kann man aus der Negativspirale austreten. Positiv denken beginnt in deinem Kopf. Eine optimistische Grundeinstellung ist die Basis für ein gesundes Leben. Zahlreiche Studien haben ergeben, dass sich Positivität günstig auf unseren Körper auswirkt. Optimisten leben länger und sind glücklicher.

WIR SIND, WAS WIR DENKEN - GESUNDHEIT BEGINNT IM KOPF

Dass unser Denken unsere Gesundheit beeinflussen kann, wusste auch schon der berühmte Arzt Paracelsus im 16. Jahrhundert. Unsere Imagination - also die Vorstellungskraft - hat einen entscheidenden Einfluss auf die Verhütung von Krankheiten und die Förderung unserer Gesundheit. Eines seiner Zitate bringt dies auf den Punkt: „Die Kraft der Einbildung ist ein wichtiger Faktor bei der Heilkunst. Sie kann Krankheiten hervorbringen und sie kann sie heilen. Der Geist ist der Meister, die Einbildung ist das Werkzeug, der Körper ist das bildbare Material."

Für uns alle ist eine Krankheit etwas Schlechtes. Wir gehen zum Arzt, damit die Krankheit wieder verschwindet. Dass eine Krankheit aber durchaus ein Geschenk sein kann, ignorieren wir. So wie die Gesundheit im Kopf[25] beginnt, ist es auch mit der Krankheit. Unser Körper fordert uns damit auf, genauer hinzusehen. Was wollen wir nicht sehen? Was will uns die Krankheit sagen? Es lohnt sich auf alle Fälle genauer hinzusehen, warum wir erkrankt sind. Wenn wir die Krankheit bewusst betrachten und akzeptieren, sehen wir, dass wir an der Entstehung beteiligt sind. Und somit haben wir selbst die Macht, unseren Körper zu heilen. Aber warum können uns negative Gedanken krank machen?

Dass uns negative Gedanken krank machen, ist nicht nur in der Naturheilkunde bekannt, sondern auch in der Wissenschaft. Mittlerweile weiß man, dass Körper und Geist zusammengehören. Unsere Gefühle und Gedanken sind eng mit unserer körperlichen Gesundheit verknüpft. Die positive Wirkung unserer Gedanken auf den Körper kann man auch mit dem Placebo-Effekt beschreiben. Beim Placebo-Effekt nehmen wir eine vermeintliche Medizin, die jedoch keinen Wirkstoff enthält, in der Erwartung, dass uns dieses Medikament heilt. Der Glaube an die Wirksamkeit des Medikaments hilft uns dabei, gesund zu werden. Viele medizinische Studien haben gezeigt, dass zwischen einer positiven Einstellung und unserer Gesundheit eine Verbindung besteht. Optimismus zeigt sich in unserem Körper beispielsweise durch einen niedrigeren Blutdruck sowie ein geringeres Risiko für Herz-Kreislauf-Erkrankungen. Ein normaler Blutzuckerspiegel und weniger Gewichtsprobleme lassen sich ebenfalls auf eine positive Lebenseinstellung zurückführen. Sogar bei unheilbaren und schweren Erkrankungen wirkt sich das positive Denken in Form einer deutlich gesteigerten Lebensqualität aus[26]. Hast du schon mal den Begriff „Termin-Tod" gehört? Dies ist ein weiterer Beweis, wie enorm unsere Gedanken unseren Körper beeinflussen können. Wenn beispielsweise ein Krebskranker im Endstadium gerne noch die Geburt des ersten Enkelkindes erleben möchte. Hier schafft es der Erkrankte oft noch so lange zu leben, bis dieses für ihn wichtige Ereignis gekommen ist. Erst danach stirbt er. Dies beweist, wie groß unsere mentale Kraft ist.

Mein Umdenken begann damals, als ich in der Reha war. Ich war sehr ehrgeizig und wollte unbedingt gesund werden. Allein meiner Vorstellungskraft hatte ich es zu verdanken, dass meine Genesung so schnell voranschritt. Für manche Freunde war es ein Wunder, dass ich so schnell wieder gehen konnte. Für mich war klar, dass es mein starker Geist und Wille war. Ich konzentrierte mich auf meine Gesundung, stellte sie mir bildhaft vor und verschwendete keinen Gedanken mehr an meine Krankheit. Seither weiß ich, was bereits erwähnter Paracelsus gemeint hat.

Positiv denkende Menschen sind aus dem Grund gesünder, weil sie wissen, dass man sein körperliches und geistiges Wohlbefinden auch selbst beeinflusst. Optimismus stärkt unsere Abwehrkräfte. Sind wir in Harmonie mit unserem Geist, befindet sich auch der Körper im Wohlklang und schützt uns vor Krankheiten. Wenn wir eine positive Grundhaltung besitzen und doch einmal krank werden, setzen wir den Fokus auf das Gesundwerden. Dorthin fließt dann unsere Energie. Somit stehen die Chancen schneller gesund zu werden für Optimisten besser als für Pessimisten, die ihre Energie der Krankheit widmen.

Wie du siehst, hat positives Denken viele Vorteile und wirkt sich auf unser komplettes Leben aus. Wir lernen dadurch, dass wir „Herr unserer Gedanken" sind - wir öffnen uns viel leichter für Neues und erweitern somit stetig unseren Horizont. Wenn wir negativ denken, verschließen wir uns vor dem, was ist. Wir wollen gewisse Dinge nicht wahrhaben und werden dadurch handlungsunfähig. Denken wir jedoch positiv, können wir immer wieder aufstehen und weitermachen. Wir resignieren nicht, wenn uns einmal etwas Schlechtes widerfährt. Positives Denken[5] ist somit die Basis für ein erfülltes Leben. Nachfolgend liste ich dir noch einmal die Vorteile des positiven Denkens auf:

Seelisches Wohlbefinden - Positiv denkende Menschen können ihre Misserfolge als Chance sehen. Sie konzentrieren sich darauf, das Positive in allem zu sehen und suchen nach Lösungen. Positiv eingestellt können wir mit Stress viel besser umgehen und sind gelassener.

Körperliches Befinden - Positiv denkende Menschen sind gesünder und wissen, dass sie ihr Wohlbefinden selbst in der Hand haben. Die Abwehrkräfte sind stärker. Zudem leben Optimisten länger. Bei einer Krankheit werden wir schneller gesund, weil wir uns auf das Gesundwerden konzentrieren.

Zwischenmenschliche Beziehungen - Denkt man positiv, macht man weniger schlechte Erfahrungen mit den Mitmenschen. Zudem schaffen sich Optimisten ein positiv denkendes Umfeld. Wir halten uns von Pessimisten fern.

Berufliche und finanzielle Vorteile - Gerade bei Stress wirkt sich eine positive Grundeinstellung auf unsere Leistungsfähigkeit aus. Wir gehen gelassener mit Druck um und wissen, dass wir jede Herausforderung meistern können. Wenn wir scheitern, akzeptieren wir dies und suchen nach einer Lösung.

Geistige Fähigkeiten - In Studien hat man festgestellt, dass positiv denkende Menschen kreativer sind, eine bessere Merkfähigkeit besitzen und ihre Sinnesorgane besser funktionieren.

AUFGEBEN ODER AUFSTEHEN UND WEITERMACHEN?

Damit wir eine positive Grundeinstellung lernen, müssen wir aufhören, uns aufzugeben. Jeder hat in seinem Leben irgendwann einen Rückschlag[27]. Es geht nicht immer nur bergauf. Aber damit wir auf unseren Weg zurückfinden und die Krise hinter uns lassen können, müssen wir einige Dinge aufgeben:

Die Vergangenheit - Um nach einem Rückschlag wieder aufstehen zu können, müssen wir loslassen. Wir müssen aufhören, in der Vergangenheit zu leben, denn diese lässt sich nicht mehr ändern. Fokussieren wir uns auf die Gegenwart und Zukunft.

Das negative Umfeld - Damit du weitermachen kannst, musst du dein negatives Umfeld aufgeben oder zumindest reduzieren. Finde heraus, welche Menschen einen positiven Einfluss auf dich haben und welche Personen negative „Energievampire" sind. Dazu kannst du dir die Netzwerkliste aus dem vorherigen Kapitel nochmal anschauen.

Sich für alles die Schuld geben - Man kann nicht ständig die Schuld bei sich suchen. Es gibt Situationen im Leben, die wir nicht ändern können. Beispielsweise kannst du nichts dafür, wenn du deinen Job verlierst, weil die Firma pleite ging.

Bereuen, was du getan hast - Alles was geschehen ist, ist schon vorbei. Es bringt nichts, wenn du ständig denkst: „Hätte ich das bloß nicht getan, dann wäre alles anders." Wir müssen aufhören zu grübeln und zu denken „Was wäre, wenn...". Es ist schon geschehen und lässt sich nicht mehr ändern. Besser ist es, wenn du die Situation akzeptierst und deine Kraft dazu nutzt, die Gegenwart zu ändern.

In Selbstmitleid versinken - Sich selbst zu bemitleiden bringt rein gar nichts. Deine Gedanken werden sich nicht ändern, wenn du dauernd daran denkst, wie schwer du es doch hast. Oder, dass nur dir so etwas passieren kann. Jeder Mensch hat irgendwann eine Krise, jeder hat mit seinen eigenen Problemen zu kämpfen. Du bist nicht allein. Deshalb konzentriere dich lieber auf die Lösung deines Problems.

An sich selbst zweifeln - Wenn dir in einer Situation ein Fehler unterlaufen ist, nützt es nichts, wenn du deshalb grundsätzlich an deinen Fähigkeiten zweifelst. Rückschläge passieren jedem und sind kein Grund, sich selbst schlecht zu reden. Überlege dir doch besser, was ganz konkret schief gelaufen ist und wie du es beim nächsten Mal besser machen kannst.

WAS KANN UNS DARAN HINDERN, POSITIV DENKEND ZU WERDEN?

Wenn du negative Gedanken loswerden willst, musst du dir klar werden, dass ein Festhalten an der Vergangenheit und den damit verbundenen negativen Emotionen nichts bringt. Auch ein zwanghafter Versuch, jeden negativen Gedanken streichen zu wollen und nur noch positiv zu denken, ist der falsche Weg. Du kennst bereits die 3:1 Formel und weißt, dass du im Optimalfall für jeden negativen Gedanken auch drei positive hast. Wenn du das Ganze aber zwanghaft versuchst, geht der Schuss nach hinten los. Wer negative Gedanken zu unterdrücken versucht, wird schnell merken, dass diese dann nur stärker werden. Wenn ich dir zum Beispiel sage: „Denke bloß nicht an eine grüne Katze." Woran denkst du dann? An die grüne Katze. Besser ist es, wenn du lernst, negative Gedanken zu akzeptieren und du dich auf die positiven Gedanken konzentrierst. Auch das hat mit Loslassen zu tun. Wenn du Jahre damit verbracht hast, das Glas als halb leer zu sehen, hast du dir selbst viel zu viel an glücklicher Lebenszeit genommen. Ich weiß genau, wie das ist. Ich habe in den letzten Jahren viele Menschen kennengelernt, die sehr verzweifelt waren. Menschen, bei denen das Schicksal dermaßen hart zugeschlagen hat, wie man es nicht einmal seinem größten Feind wünschen würde. Menschen, die alles verloren haben. Und es hat sich immer wieder gezeigt, was es bewirken kann, wenn man den Blickwinkel ändert. In der Selbsthilfegruppe gab es zwei unterschiedliche Arten von Teilnehmern. Zum einen gab es jene, die resignierten und keinen Lebensmut mehr hatte. Und ich muss zugeben, dass auch ich da manchmal an meine Grenzen geriet. Ich wusste zwar wie es geht, die Vergangenheit hinter sich zu lassen und den Blick nach vorne zu richten. Aber das ein oder andere Mal konnte ich es nicht annähernd so umsetzen wie die zweite Gruppe. Diese Menschen hatten einfach eine positive Sicht auf das Leben. Sie wussten, alles im Leben hat einen tieferen Sinn. Und genau diese Teilnehmer haben es mit ihrem Optimismus immer wieder geschafft, den anderen beim Loslassen der Vergangenheit behilflich zu sein.

Wir können weder unsere positiven noch die negativen Gedanken verhindern. Jedoch können wir lernen, die Negativen loszulassen. Das gelingt am besten, wenn du dir deiner Gedanken zunächst einmal bewusst wirst. Beobachte deine Gedanken wirklich einmal ganz bewusst. Du wirst feststellen, dass diese damit einen Großteil ihrer Macht verlieren. Wenn du deine negativen Gedanken beobachtest, ohne sie zu bewerten oder ändern zu wollen, werden diese früher oder später verschwinden. Versuche das nächste Mal, wenn wieder negative Gedanken in deinem Kopf herumschwirren, dich in die Position eines neutralen Beobachters zu begeben. Achte darauf, dass deine Gedanken wirklich neutral sind. Verzichte auf Bewertungen. Mit etwas Übung wirst du feststellen, dass es dir immer besser gelingen wird, eine gewisse Distanz zwischen dir und deinen negativen Gedanken herzustellen. Auch mir gelingt nicht immer, meine Gedanken neutral zu beobachten. Das ist ok. Niemand ist perfekt. Dennoch versuche ich es so oft es geht. Denn ich möchte einfach nicht, dass negative Gedanken mein Leben bestimmen.

Es gibt ein paar einfache Tipps und Tricks, die sehr effektiv sind und dabei helfen negative Gedanken loszuwerden:

Erkenne deine immer wiederkehrenden Gedanken und Überzeugungen

Viele negative Gedanken und Sorgen wiederholen sich. Beispielsweise reden wir uns immer wieder ein: „Ich bin nicht gut genug." oder „Das kann ich nicht." Und jedes Mal, wenn solche Gedanken auftauchen, halte kurz inne und danke deinem Verstand, diese Chance wahrnehmen zu können. Nehmen wir ein Beispiel: Du möchtest 15 Kilo abnehmen und beschließt, unter anderem regelmäßig ins Fitnessstudio zu gehen. Dein Verstand redet dir nun ein: „Das schaffst du ohnehin nicht. Wie oft hast du das schon versucht? Es gelingt dir sowieso nicht, denn dafür bist du viel zu schwach. Du hast keine Willenskraft." Das sind alles negative Gedanken, die sich in deinem Kopf festgesetzt haben und dich bisher jedes Mal zum Scheitern brachten. Versuche doch dieses Mal, deinem Verstand zu danken. Sage dir: „Danke, lieber Verstand, für deine „Das-schaffe-ich-nicht-Geschichte". Damit stellst du eine Distanz her. Und zwar, indem du dir bewusst machst, dass dies eigentlich nur eine Geschichte ist. Und damit kannst du die Negativspirale verlassen.

Das logische Widersprechen

Wenn dir dein Kopf sagt: „Du bist nicht selbstbewusst" stell dir doch einmal die Frage: „Stimmt es wirklich, dass ich in meinem ganzen Leben noch nie selbstbewusst war?" Denke nach und finde Beispiele, die beweisen, dass du irgendwann schon einmal selbstbewusst warst. Wenn die Gründe logisch erscheinen, fällt es dir leichter, das auch zu glauben und somit deinen Verstand auszutricksen.

Mach dir bewusst, dass negative Gedanken auch nur Gedanken sind

Das heißt, der Gedanke kann wahr sein, muss er aber nicht. Wir haben meist eine subjektive Wahrnehmung, die uns daran hindert, dass wir uns unserer Gedanken auch bewusst werden. Probiere es einmal aus. Verwende vor jedem Gedanken den Satz: „Ich habe gerade den Gedanken, dass..." Also beispielsweise: „Ich habe gerade den Gedanken, dass ich nicht gut genug bin." Durch diese sechs zusätzlichen Wörter wird dir bewusst, dass alles zunächst einmal nur ein Gedanke ist und nicht die Realität.

Distanziere dich bewusst von den Medien

Viele Nachrichten, die wir im Fernsehen sehen, sind nicht objektiv. Sie sind subjektiv und zeigen uns ein verzerrtes Bild von der Welt. All diese Nachrichten vermitteln uns den Eindruck, es gibt nur noch Schlimmes auf der Welt und alles ist negativ. Natürlich ist in der Welt nicht alles perfekt. Aber wenn man sich immer wieder die Nachrichten anhört, bekommt man schnell den Eindruck, es gäbe nichts Positives mehr. Der 3. Weltkrieg stehe kurz bevor. Die große Klimakatastrophe ist nur noch eine Frage der Zeit. Und gefühlt jeder fünfte Mensch ist ein Attentäter, Mörder oder Vergewaltiger. Wenn wir jedoch nach draußen gehen, sieht man Kinder spielen. Es gibt viele hilfsbereite Menschen, die freundlich sind. Es ist alles gar nicht so negativ, wie wir es in den Medien zu sehen und hören bekommen. Die Welt ist nicht nur schlecht, wir sehen aber oft das Gute nicht mehr. Denn in der heutigen Zeit erhalten negative Nachrichten meist viel mehr Aufmerksamkeit als gute.

Lenke dich ab

Wenn du wieder einmal in einer Negativspirale gefangen bist, lenke dich ab. Es gibt viele Aktivitäten, die dir dabei helfen können, sich aus diesem Gedankenkarussell zu befreien. Mach etwas, das dir Spaß bereitet. Betreibe Sport, treffe dich mit Freunden, backe einen Kuchen. Ganz egal, was. Wichtig ist die Ablenkung von deinen negativen Gedanken.

WIE LÄSST SICH POSITIVES DENKEN LERNEN?

Wer positiv denkt, hat es im Leben viel leichter. Ein positiver Mensch ist besser drauf, hat mehr Erfolg und lebt gesünder. Das stellten wir ja bereits fest. Du weißt außerdem, dass es dabei nicht darum geht, die Augen zu verschließen und blind durchs Leben zu rennen. Schlimme Dinge passieren nun einmal. Nur haben wir es selbst in der Hand, wie wir damit umgehen. Optimismus ist erlernbar.

Mit den folgenden Tipps kannst du eine positive Grundeinstellung lernen:

- Fokussiere dich auf das, was du beeinflussen kannst. Viele Menschen legen ihren Fokus stets auf das, was sie nicht beeinflussen können. Deshalb höre auf zu reagieren und beginne zu agieren.
- Entscheide selbst, wie du Dinge bewertest. Jede Situation ist nun mal eben so, wie sie ist. Du selbst kannst entscheiden, ob die Umstände positiv oder negativ für dich sind.
- Fokussiere dich auf das, was du möchtest: Dazu gehört

es, dass du deine Wünsche richtig formulierst. Vermeide unbedingt Negationen. Beispielsweise wenn du Single bist und dir einen Partner wünscht. Formuliere deinen Wunsch nicht mit „Ich will nicht mehr Single sein.", sondern mit „Ich habe einen lieben Partner an meiner Seite." Du weißt ja bereits, dass Affirmationen immer positiv und als bereits erfüllt formuliert sein sollten.

- Umgebe dich mit positiven Menschen: Nichts ist einfacher, als eine positive Grundeinstellung zu bekommen, wenn man sich mit optimistischen Menschen umgibt.
- Verändere deine Körperhaltung:
- Lächle mehr - wenn Menschen lächeln, sind sie automatisch fröhlicher. Das funktioniert sogar, wenn das Lächeln gar nicht echt ist. Es gibt sogar eine Studie über Botox, die besagt, dass Menschen, die sich Botox in die Stirn spritzen lassen, eine bessere Stimmung haben. Das liegt ganz einfach daran, dass Botox die Mimik lähmt und man dadurch weniger Sorgenfalten machen kann.

Probiere einmal folgende Übung:

- Stell dich aufrecht hin
- Ziehe deine Schultern nach hinten
- Drücke deine Brust raus
- Lächle
- Atme tief ein und wieder aus

Merkst du, dass du dich nun anders fühlst? Fühlst du dich selbstbewusster, stärker und energiegeladener? Ich liebe diese Übung, denn sie funktioniert so wunderbar - man ist in Sekundenschnelle fröhlicher. Probiere es selbst einmal aus, du wirst überrascht sein.

NUTZE DIE KRAFT DER GEDANKEN UND LERNE DAS VISUALISIEREN

Visualisierung[28] wird auch mentales Training genannt. Gemeint ist damit die geistige, fokussierte und detaillierte innere Vorstellung - also was man in bestimmten Situationen sieht, fühlt und wie man handelt. Beim Visualisieren kann man entweder Erinnerungen bildhaft abrufen oder sich gewünschte Zustände gedanklich ausmalen, mit dem Ziel, diese zu erreichen. Die Visualisierung ist ein sehr mächtiges Werkzeug, dass dich dabei unterstützen kann, dein Leben so zu führen, wie du es gerne möchtest. Beim Mentaltraining spielen innere Bilder eine große Rolle. Sie üben einen starken Einfluss auf unsere Motivation und unser Verhalten aus. Visualisieren ist eine Technik, die wunderbar funktioniert. Unser Gehirn kann nämlich nicht unterscheiden, ob wir uns etwas lediglich vorstellen oder das Ganze tatsächlich erleben. Körperliche Reaktionen und Gefühle werden gleichermaßen ausgelöst. Ob es also nur in unserer Vorstellung ist oder wir es tatsächlich erleben, kann unser Gehirn nicht unterscheiden. Visualisieren kann jeder. Das kennst du sehr wahrscheinlich auch schon, beispielsweise, wenn du dir in Gedanken deinen nächsten Urlaub vorstellst. Du hast bestimmt eine Vorstellung davon, wo es hingehen soll und was du machen möchtest. Und genau das ist bereits Visualisieren. Sogar, wenn du dir deine Sorgen und Ängste ausmalst. Oder wenn du an Vergangenes denkst - du visualisiert. Beim positiven Denken jedoch geht es um das Visualisieren im Sinne des Mentaltrainings. Damit gemeint ist ein gezieltes Programmieren unserer Vorstellungskraft. Nach anfänglicher Skepsis nutze ich die Technik des Visualisierens nun bereits seit Jahren und es macht mir richtig Spaß.

Bevor du aber damit beginnst, dir deine mentale Kraft zunutze zu machen, solltest du dir einige Fragen stellen:

- Wo sehe ich mich in fünf Jahren?
- Wie würde mein Leben aussehen, wenn ich es vollkommen frei gestalten könnte?
- Was genau hat mich in der Vergangenheit glücklich gemacht?
- Wenn ich morgen sterben müsste, was würde ich bereuen? Was habe ich niemals getan und würde es aber noch so gern?

Welche Arten von Visualisierung gibt es?

Tagträume

Gib dich deinen Tagträumen hin. Male dir bildhaft aus, wie glücklich du sein wirst, wenn du deine Ziele und Träume erreicht hast. Wenn du zum Beispiel die Liebe deines Lebens gefunden hast. Ihr wohnt gemeinsam mit euren Kindern und dem Hund in einem tollen Haus. Du verdienst viel Geld, bist erfolgreich und kannst dir alles kaufen, was du möchtest. Stell dir vor, was du dabei fühlst, wenn du euer Haus siehst und eure Kinder mit dem Hund im Garten spielen. Stell dir in Gedanken dein Traumleben vor.

Visualisierung schöner Momente aus deiner Vergangenheit

Überlege dir, was dir bereits Schönes passiert ist:

- Momente, in denen du glücklich und stolz warst.
- Momente, in denen du einfach dankbar für dein großartiges Leben warst.

- Momente, die du mit Menschen verbracht hast, die du liebst.

Erstelle dir deine goldene Liste

Wer Spaß im Leben hat, ist glücklicher. Das Leben ist zu kurz, um es trist zu leben. Und gerade um die Vergangenheit loszulassen, ist es wichtig, auch wieder Spaß zu haben. Vielleicht weißt du auch gar nicht mehr, was dir in deinem Leben Freude bereiten könnte. Dann lerne es wieder. Mach die nächsten zehn Tage mindestens einmal täglich etwas, dass dir Vergnügen bereitet. Nimm dir ein Beispiel an Kindern: Kinder sind unbeschwert und viel begeisterungsfähiger als Erwachsene. Anstatt sich über den Schnee und die Kälte zu beschweren, freuen sich Kinder auf Schneeballschlachten. Klar haben die wenigsten Kinder harte Schicksalsschläge hinter sich. Jedoch denken viele erwachsene Menschen, dass es ihnen nicht mehr erlaubt ist, Spaß zu haben - vor allem, wenn sie noch an der vergangenen Tragödie leiden. Ich denke aber, dass es einen wichtigen Schritt nach vorne bedeutet, wenn man wieder fröhlich ist. Mir ging es anfangs genauso. Jedes Mal, wenn ich gelacht habe oder mich vergnügte, war ich nach wenigen Minuten wieder down. Ich hatte regelrecht ein schlechtes Gewissen meiner toten Frau gegenüber. Ich habe mir selbst verboten, glücklich zu sein. Aber das ist nicht der Sinn des Lebens. Die Erde dreht sich weiter, ob wir wollen oder nicht. Also mach weiter und erlaube dir selbst, häufiger fröhlich zu sein.

Falls dir nichts einfallen sollte, hier ein paar Tipps von mir:

- Singen - Singen macht den Kopf frei.
- Veranstalte einen Spieleabend - wann hast du das letzte Mal mit Freunden Activity gespielt?

- Gehe doch mal Trampolinspringen - durch die Bewegungen werden Glückshormone ausgeschüttet.
- Verwöhne dich - gönne dir beispielsweise einen Wellness-Tag mit allem Drum und Dran.
- Gehe ins Kino - schau dir eine Komödie an und lache herzlich.
- Beginne ein neues Hobby - gibt es etwas, dass du schon immer einmal ausprobieren wolltest? Dann mach das jetzt!

MANTRAS - DEN GEIST BERUHIGEN UND SICH FOKUSSIEREN

Der Naturwissenschaftler in mir war nicht gerade hilfreich in Bezug auf Dinge, die ich neu kennenlernen durfte. Ich begegnete vielen hilfreichen Techniken des positiven Denkens mit großer Skepsis. „Alles nur Humbug!", dachte ich mir nicht nur einmal, wenn mir jemand mit Buddhismus und Esoterik Tralala daherkam. Ich bin immer noch kein religiöser oder esoterischer Mensch, dennoch habe ich viele Dinge einfach ausprobiert. Aus Neugierde. Viele Übungen und Ansätze habe ich direkt wieder verworfen, andere wenige haben meine Welt durchaus aufgerüttelt und verändert. Wie die folgende Idee.

Als Mantra bezeichnet man einen positiven Satz oder auch nur ein Wort bzw. eine Silbe. Mantras werden entweder laut oder in Gedanken ständig wiederholt. Im Hinduismus und Buddhismus werden sie schon seit Jahrtausenden benutzt. Mantras verwendet man in Gebeten und sie werden meist gesungen. Man benutzt ein Mantra dazu, einen positiven Geisteszustand zu erreichen und sich auf seine Ziele fokussieren zu können. Eigentlich kennst du Mantras bereits. Ich habe dir ja schon erklärt, was Affirmationen sind. Affirmationen finden ihren Ursprung in Mantras. Weswegen ich hier nochmal genauer darauf eingehen möchte.

Warum Mantras funktionieren, ist ganz einfach erklärt. In unserem Gehirn erzeugt jeder einzelne Gedanke einen bestimmten Weg. Je öfter wir den gleichen Gedanken haben, umso breiter und gefestigter wird dieser Weg in unserem Gehirn. Stell es dir wie einen kleinen Waldweg zwischen dichtem Gestrüpp und großen Bäumen vor. Anfangs ist da vielleicht noch viel Gras und kaum ein Weg ersichtlich. Umso öfter ein Mensch aber diesen Pfad benutzt, desto breiter und klarer wird der Pfad. Wenn wir sehr oft negative Gedanken haben - also Ärger oder Ängste und Sorgen - werden die negativen Wege immer breiter. Das bedeutet, wenn wir sehr oft negativ denken, sind die negativen Gedanken logischerweise viel präsenter in unserem Gehirn und es bleibt nur wenig Raum für die positiven Gedanken. Du weißt, negative Gedanken führen zu einem negativen Leben. Mit einem Mantra oder einer Affirmation gelingt es uns, dass die positiven Gedanken sich immer breitere und festere Wege in unserem Gehirn ebnen. Natürlich funktioniert es nicht, wenn wir das Mantra jeden Tag nur einmal laut aufsagen. Je öfter wir Mantras aussprechen, umso breiter werden die positiven Wege in unserem Gehirn. Du musst dir aber keine Sorgen machen, dass du jeden Tag mehrere Stunden meditieren und Mantras aufsagen musst. Das ist nicht notwendig. Sonst, glaube mir, würde ich dir das hier gewiss nicht vorschlagen. Mantras kannst du nämlich auch wunderbar in den Alltag integrieren, beispielsweise beim Putzen oder beim Autofahren.

Ob du ein Mantra selbst kreierst oder dich von anderen Mantras inspirieren lässt, ist vollkommen egal. Wichtig ist lediglich, dass du daran glaubst und es sich für dich positiv anfühlt.

Die Mantras, die ich persönlich gerne nutze, sind folgende:

„AHAM" - „Ich bin."

Die Betonung bei diesem doch sehr kurzen Mantra liegt auf einem kurzen "A" und einem langen "HAM". Wenn du zurück in deine innere Mitte möchtest, weil du die Balance im Leben verloren hast, ist dies ein sehr kraftvolles Mantra.

"LOKAH SAMASTAH SUKHINO BHAVANTU." - *"Mögen alle Wesen glücklich sein."*

Dies ist ein Mantra des Mitgefühls, dass sich für uns selbst, aber auch für andere öffnet. Du kannst dir entweder vorstellen, dass du dir selbst Mitgefühl und Güte schickst. Oder du richtest deine Aufmerksamkeit auf andere Menschen oder Tiere, die in irgendeiner Art und Weise leiden.

"ICH BIN GENUG."

Wenn du von Selbstzweifeln geplagt bist, du schlecht behandelt wirst oder mit Kritik nicht umgehen kannst, erinnert dich dieses Mantra daran, dass du genug bist. Du verdienst, dass es dir gut geht. Du verdienst die guten Dinge im Leben, die schönen Momente und guten Gespräche. Stehe für deine Bedürfnisse ein und sprich deine Wahrheiten aus. Du bist genug. Auch dann, wenn du es nicht jedem recht machen kannst.

"DAS GEHT VORBEI."

Manchmal ist das Leben hart und unangenehm. Du hast viel Stress bei der Arbeit, hast mit deinem Lebenspartner gestritten oder auch einen geliebten Menschen verloren. So schmerzvoll es ist, es geht vorbei. Denn nichts bleibt, alles ändert sich. Du kannst bei diesem Mantra auch eine Alternative wählen, die heißt: „Es ist nur eine Phase." - Dabei kannst du zum Beispiel die vier Jahreszeiten visualisieren. Egal was ist, der Wandel passiert. Es geht alles vorbei und am Ende entsteht wieder etwas Neues.

"ES IST, WIE ES IST."

Oft erwarten wir, dass etwas anders ist, als es gerade im Moment ist. Wir verhindern dadurch, eine Situation akzeptieren und verarbeiten zu können. Mit diesem Mantra kannst du dich immer wieder erinnern, die Dinge so zu akzeptieren, wie sie sind. Und damit auch loslassen.

MEDITATION - LERNE DEINE GEDANKEN ZUR RUHE ZU BRINGEN

Meditieren ist schon lange kein spiritueller Humbug mehr. Viele geachteten Wissenschaftler praktizieren diese einzigartige Möglichkeit selber. Meditieren ist eine alte Technik, um innere Ruhe, Entspannung und Gelassenheit zu erlangen. Mit regelmäßiger Meditation lernt man, mit Stress besser umzugehen. Zudem kann Meditation helfen, den Geist zu stärken und emotional gefestigt zu werden. Denn um mit der Vergangenheit abschließen zu können, brauchen wir einen ausgeglichenen Geist. Ich persönlich meditiere schon seit einigen Jahren regelmäßig. Bereits nach wenigen Meditations-Einheiten spürt man die positive Wirkung. Man ist viel ruhiger und ausgeglichener. Und diese Wirkung auf unsere Psyche hat wiederum positive Auswirkungen auf unseren Körper. Auch Neurowissenschaftler haben festgestellt, dass regelmäßiges Meditieren positive Effekte auf unseren Körper hat.

Effekte für unsere Psyche

Verbessertes Stressempfinden

Viele Menschen haben Angst, irgendwann durch Stress krank zu werden. In unserer immer schneller werdenden Gesellschaft verspüren wir permanent Druck, sodass wir dem Stress irgendwann nicht mehr gerecht werden können. Es gibt viele Methoden, die uns dabei helfen können, das Stressempfinden und den Umgang mit Stress in den Griff zu bekommen. Und der Zusammenhang zwischen Meditation und vermindertem Stresserleben ist sogar wissenschaftlich erwiesen.

Emotionale Stabilität und positives Denken

In unserem Gehirn gibt es Areale, die unsere Gefühle regulieren und für emotionale Ausgeglichenheit sorgen.

Achtsamkeit und Geduld

Viele Menschen befinden sich permanent in einem Gedankenkarussell, das pausenlos die Gedanken hin und her springen lässt. Diese Gedanken, meist sind es negative, wiederholen sich fortwährend. Hierfür kann man lernen, seine Gedanken aus einer gewissen Distanz zu beobachten und achtsam zu sein. Durch regelmäßiges Meditieren gelingt uns dies sowohl in der Meditation, als auch im Alltag mit der Zeit immer besser.

Gedächtnis-Konzentration und geistige Flexibilität

Unser Gehirn hat heutzutage so viele Informationen zu verarbeiten, dass irgendwann die Konzentrationsfähigkeit abnimmt und unser Gehirn ganz einfach ermüdet. Allerdings wird von uns stets erwartet, dass wir eine hohe Aufmerksamkeitsspanne und eine gute Gedächtnisleistung haben. Studien haben ergeben, dass es Menschen, die regelmäßig meditieren, leichter fällt, sich auf Dinge zu konzentrieren und schneller zu merken. Wenn du den Fokus verlierst, kannst du bewusst innehalten, um den Fokus wieder auf das Wichtige zu setzen.

Intuition und Körperwahrnehmung

Im Alltags- und Berufsstress verlieren wir oft unser Gefühl für unseren eigenen Körper. Wir nehmen gar nicht mehr wahr, wenn etwas nicht stimmt. Die Folgen sind oft, dass wir gewisse Beschwerden ignorieren oder gar nicht ernst nehmen und Krankheiten damit verschleppen. Beim Meditieren lernen wir, uns auf die Wahrnehmung unseres Körpers zu konzentrieren. Regelmäßiges Meditieren erhöht dein Körper-Gespür. Du nimmst dich viel bewusster wahr.

Verlangsamung des Alterungsprozesses

Mit dem Alter wird unser Gesicht nicht nur faltiger, unsere kognitive Leistungsfähigkeit lässt ebenfalls nach. Durch Meditation lassen sich jedoch bestimmte Areale unseres Gehirns, die für die Gedächtnisleistung, Sinneswahrnehmung und die emotionalen Bewertungen verantwortlich sind, stärken.

Effekte für den Körper

Besserer Schlaf

Menschen, die regelmäßig meditieren, verhalten sich im Alltag viel achtsamer. Sie verfallen nicht so schnell in emotionalen Stress und können ihre Gefühle besser steuern und schlafen dadurch besser.

Reduziertes Schmerzempfinden

Besonders die emotionale Verarbeitung von Schmerzen wird durch die Meditation beeinflusst. Man konnte feststellen, dass die Schmerzareale im Gehirn während der Meditation stark heruntergefahren sind und sich die Schmerzintensität reduziert.

Gesenkter Blutdruck

Regelmäßiges Meditieren kann den stressbedingten Blutdruck senken. Da man bei den verschiedenen Übungen entspannt, normalisiert dies den Puls. Zudem entspannen sich unsere Muskeln - damit senkt sich auch unser Blutdruck.

Gestärktes Immunsystem

Gestresste Menschen sind ganz klar anfälliger für Krankheiten. Sie haben auch ein schlechteres Immunsystem. Die optimistische Lebenseinstellung, die du durch regelmäßiges Meditieren erreichen kannst, aktiviert die linke Gehirnhälfte, die mit einem gestärkten Immunsystem zusammenhängt.

Niedriger Cholesterinspiegel

Ein erhöhter Cholesterinspiegel entsteht nicht nur durch ungesunde Ernährung, sondern auch durch Stress. Wenn du an einem erhöhten Cholesterinspiegel leidest, solltest du Entspannung und Meditation unbedingt für dich in Betracht ziehen. Natürlich darfst du auch eine Ernährungsumstellung sowie eine eventuelle Medikamenteneinnahme nicht vernachlässigen. In einer Studie wurde festgestellt, dass der Cholesterinwert nach einem Jahr Meditation um 30 mg/Deziliter gesunken ist. Und das ist mehr als teilweise mit Medikamenten erreicht werden kann. Die Kombination aus einem gesünderen Lebensstil und regelmäßiger Meditation kann Herz-Kreislauf-Erkrankungen und Arteriosklerose langfristig vorbeugen.

Verminderte Migräneattacken

Migräneanfälle werden oftmals durch Stress ausgelöst. Von daher kann es ein möglicher Therapieansatz zur Vorbeugung sein, wenn man regelmäßig meditiert.

EINFACHE MEDITATIONSÜBUNGEN

Meditieren[29] kann man leicht erlernen. Am Anfang ist es auch gar nicht erforderlich, dass du stundenlang dasitzen und meditieren musst. Fünf bis zehn Minuten genügen für den Anfang. Lege zunächst kleine Meditations-Einheiten ein, damit dir nicht schon zu Beginn der Spaß vergeht. Wenn du noch gar keine Erfahrungen mit Meditation hast, erkläre ich dir nun, wie eine Meditation für Anfänger[30] aussehen kann.

Atem-Meditation für Anfänger

- Suche dir zunächst einen ruhigen Meditationsplatz. Wo du meditierst, bleibt dir überlassen. Ob in der Wohnung oder im Garten unter einem Baum.
- Wähle eine Meditations-Position. Traditionell sitzt man auf dem Boden im Lotus- oder Schneidersitz. Du kannst auch auf den Knien sitzen, das ist ganz egal. Am Anfang ist dies sehr gewöhnungsbedürftig, von daher kannst du auch auf einem Stuhl meditieren. Wichtig ist lediglich, dass du dich nicht anlehnst und aufrecht sitzt. Die Sitzhaltung sollte aber trotzdem bequem sein. Sonst wird es schwierig, in dieser Position längere Zeit am Stück ruhig zu verharren .
- Wähle eine feste Tageszeit, zu der du meditieren möchtest. Das hat den Vorteil, dass die Meditation zur Gewohnheit wird. Am Anfang ist es zunächst besser, wenn du zu

verschiedenen Tageszeiten meditierst. Einfach, damit du die für dich beste Zeit findest. Viele Menschen meditieren gerne morgens nach dem Aufstehen. Andere wiederum bevorzugen den Abend. Ich selbst bin kein Morgenmensch und meditiere deshalb auch erst abends vor dem Schlafengehen. Da eine Meditation sehr entspannend ist und den Geist beruhigt, kann eine Meditation am Abend die Schlafqualität erheblich verbessern.

- Stell dir anfangs einen Wecker. Um zu entspannen, ist es wenig sinnvoll, wenn man immer auf die Uhr sehen muss, wie viel Zeit schon vergangen ist.
- Nun kannst du mit dem Meditieren beginnen. Mach für den Anfang eine Atemübung[31.] Der Zweck dieser Übung ist, dass du dich bewusst auf deinen Atem konzentrierst. Beim Atmen achte bewusst darauf, wie du durch die Nase einatmest. Wie deine Lungen gefüllt werden, sich der Brustkorb hebt und du tief in deinen Bauchraum hinein atmest. Du wirst merken, wie sich beim Einatmen der Bauch nach vorne wölbt und beim Ausatmen wieder zusammenzieht.
- Achte auf die Stelle im Körper, an der du deinen Atem am besten spüren kannst. An diese Stelle verlagerst du nun deine Aufmerksamkeit. Atme weiterhin ganz normal ein und wieder aus. Es geht darum, dass du deine Gedanken zur Ruhe kommen lässt. Speziell am Anfang ist das eher schwierig, weil du merken wirst, wie viele Gedanken plötzlich in deinem Kopf auftauchen. Und das ist auch gar nicht schlimm. Wenn du wieder einen Gedanken bemerkst, lass ihn weiterziehen. Und kehre wieder zur Übung zurück.

Diese Atem-Meditation ist eine gute Übung für Anfänger. Wenn du dennoch Schwierigkeiten damit hast, empfehle ich dir geführte Meditationen. Im Internet findest du sehr viele Videos oder auch Apps, mit denen du das Meditieren erlernen kannst.

Meine Top-3-Meditationen

Um meine hartnäckige Vergangenheit loszulassen und mehr Lebensfreude zu erlangen, habe ich im Laufe der Zeit viele Meditationen ausprobiert. Um ehrlich zu sein, habe ich mich anfangs sehr affig gefühlt. Jetzt gehört es zu meinem Alltag. Es gibt Hunderte von Meditationen, die im Großen und Ganzen ein Ziel haben - ein harmonisches, friedvolles und glückliches Leben. Ich stelle dir hier meine liebsten Meditationen vor, die von der schweren Last der Vergangenheit befreien können. Du kannst gerne mit meinen Lieblings-Meditationen arbeiten, wenn du damit in Resonanz gehst. Oder du suchst dir Meditationen, die für dich im Moment passen. Ich empfehle dir, dass du dir die Meditationen aufnimmst. Wenn du immer wieder nachlesen musst wie es weitergeht, kannst du dich nicht entspannen. Ich verwende hierzu die Aufnahmefunktion von meinem Smartphone. So kann ich mir die Meditationen in einem entspannten Zustand anhören.

Herzmeditation

Lass den Schmerz transformieren. Wenn wir unser Leid in unser Herz hineinnehmen, ist es nicht länger ein Leid. Das Herz verwandelt die Energie und transformiert unser persönliches Unglück in Glückseligkeit. Somit atmen wir Schmerzen ein und Freude und Glück aus dem Herzen aus. Hier nun die Anleitung für Atishas Herzmeditation (Atisha war ein indischer Gelehrter und Yogi):

Fühle die Energie in deinem Herzen - zunächst mach dir entspannende Musik an und setze oder lege dich gemütlich hin.

Schließe deine Augen und lege die Hand, mit der du schreibst, auf dein Herzchakra. Dieses Chakra ist in der Mitte der Brust auf Höhe deines Herzens. Atme nun sanft über die Nase in dein Herz ein. Kannst du die spezielle Energie wahrnehmen? Wird dir wohlig warm ums Herz? Stell dir ein besonders schönes Ereignis in deinem Leben vor. Vielleicht deine Hochzeit oder die Geburt deines Kindes? Auch ein wunderschöner Urlaub oder einfach ein wundervolles Ereignis in deinem Leben? Kannst du fühlen, welche Emotionen diese Erinnerung auslösen? Wie schön und leicht es sich angefühlt hat? Genieße den Moment jetzt noch einmal. Bleibe für etwa zehn Minuten in dieser positiven Energie. Dabei ruhig ein- und ausatmen.

Atme deinen Schmerz ein und die Zufriedenheit aus - du hältst deine Augen weiterhin geschlossen und bleibst in derselben Position wie davor. Wenn du einatmest, atmest du all deinen Kummer, Schmerz und dein Leid ein. Mit jedem Atemzug erweiterst du nach und nach den Kreis. Als Nächstes atme den Kummer deiner Familie ein, deiner Freunde und das Leid aller Menschen. In deinem Herzen wird all das Elend und die Traurigkeit verwandelt. Du atmest nun Freude, Glück und Liebe aus. Verströme das ganze Glücksgefühl und die Fröhlichkeit ins Universum, denn so entsteht Mitgefühl. Bleib in dieser Atmung für ungefähr zehn Minuten.

Heiterkeit, Freude und Leichtigkeit ausdrücken - nun kannst du deine Augen öffnen und aufstehen. Du hörst noch immer die schöne Musik. Davon inspiriert, fängst du an dich zur Musik zu bewegen und zu tanzen. Lass deine Arme mitschwingen und summe die Melodie. Spüre die Energie, die aus deinem Herzchakra kommt. Sei vollkommen befreit und spüre die Liebe in dir - für dich selbst und alle anderen. Nimm wahr, dass du unendlich geliebt wirst. Genieße diese Energie für etwa zehn Minuten.

In der Ruhe entspannen - zum Ende der Meditation setzt oder legst du dich noch einmal hin. Bleibe ruhig liegen und nimm die Leichtigkeit in dir wahr. Bleibe in dieser Stimmung ungefähr für zehn Minuten. Danach kehrst du wieder in den Alltag zurück.

Loslassen für mehr Lebensfreude

Diese Meditation[32] ist hervorragend geeignet, um loszulassen. Außerdem wirst du mehr Freude in dein Leben ziehen:

Bei dieser Meditation legst du dich entweder auf den Boden oder auf die Couch. Damit du währenddessen nicht frierst, decke dich zu. Wichtig ist, dass du ungestört bist. Schließe deine Augen und genieße für ein paar Minuten die Stille. Atme tief über die Nase ein, halte den Atem kurz an und atme langsam durch den Mund wieder aus. Widme deine Aufmerksamkeit vollends deinem Atem. Stell dir vor, wie du mit jedem Ausatmen alles loslässt, was dich belastet. Es darf und soll alles gehen, was dich nicht länger belasten soll. Es darf sich alles in Luft auflösen. Mit jedem Einatmen nimmst du neue Energie und Stärke auf.

Während du gelöst weiter atmest, stellst du dir eine Treppe vor. Du stehst vor der Treppe, die vor dir nach unten führt und betrachtest sie. Diese Treppe hat drei Stufen, die du nun ganz langsam hinabsteigen wirst. Mit jeder Stufe wirst du mehr und mehr zur Ruhe kommen. Steige die erste Stufe hinab. Nimm wahr, wie sich all deine Muskeln lockern. Dein Kopf, der Nacken, die Schultern, der Rücken und der Bauch - alles lockert sich wunderbar, alles löst sich. Du spürst, wie sich die innere Ruhe immer mehr in dir ausbreitet. Nun gehst du die zweite Stufe hinunter. Spüre, wie sich deine Nerven beruhigen. Der Parasympathikus - ein Teil des Nervensystems - ist aktiviert und du kannst jegliche Anspannung und Unruhe loslassen. Gehe die dritte Stufe hinunter. Dein Körper ist nun völlig entspannt. Dein Atem ist gleichmäßig und ruhig. Dein Herz schlägt sanft und der

Puls wird langsamer. Du fühlst dich sehr wohl und behaglich. Du bist nun ganz bei dir selbst angelangt. Du bist im vollkommenen Einklang mit dir selbst. Alles ist gut.

Deine Augen sind noch immer geschlossen. Nun sieh dich in deinem inneren Raum um. Was siehst du genau? Kannst du dein Innerstes sehen? Du siehst ganz tief in dein Herz. Beobachte ganz entspannt deine Emotionen. Spüre in dich hinein und beobachte, was alles in dir ist. Welche Empfindungen hast du? Nimm deine Gefühle wahr. Jedes Gefühl ist wichtig und heilt dich. Du sollst deine Emotionen liebevoll wahrnehmen. Aber lass auch alles los, was du nicht mehr brauchst. Stell dir deine Gefühle vor, als wären sie Wolken im Himmel. Lass die Emotionen ziehen, die du nicht mehr behalten möchtest. Atme ruhig weiter und spüre so lange in dich hinein, bis alle blockierenden Emotionen verschwunden sind.

Stell dir nun vor, wie dein Herzchakra in der Mitte deines Brustkorbes hell zu leuchten beginnt. Zunächst scheint es nur ein wenig. Mit jedem Einatmen wird es heller und strahlt in alle Richtungen deines Körpers und erhellt deinen inneren Raum. Sieh dich genau um. Was kannst du sehen? Siehst du das Kästchen, das in der Mitte des Raumes ist? Es ist eine Schatulle mit deinen Emotionen. Langsam gehst du auf die Schatulle zu. Mit jedem Atemzug kommst du ihr ein bisschen näher und lässt alles los, was dich noch zurückhält oder blockiert. Und dann stehst du vor der Truhe. Du öffnest sie ganz vorsichtig. Das Wort „Freude" siehst du als Erstes. Es leuchtet ebenfalls hell und du kannst nun wahrnehmen, wie sich das Gefühl der Freude in dir ausbreitet. Kannst du es spüren? Überlege nun, was dir in deinem Leben Freude bereitet. Erinnere dich an etwas, das dich glücklich gemacht hat. Kannst du spüren, wie es sich anfühlt? Bleibe nun ein paar Minuten ganz bewusst in diesem Gefühl der Freude.

Jetzt schaue dir auch einmal die anderen Gefühle in deiner Schatulle an. Die nächsten Emotionen beginnen zu leuchten. Du liest „Mut und Vertrauen". Was spürst du? Siehst du die beiden Worte hell erstrahlen? Kannst du Vertrauen und Mut spüren? Wie fühlen sich diese Empfindungen an? Beginnst du, vertrauensvoll und mutig an dich selbst zu glauben? Öffne dich für diese Gefühle und nimm sie bewusst ein paar Atemzüge lang wahr.

Sie dich nun noch weiter in deiner Schatulle um. Jetzt flackern die Wörter „Dankbarkeit" und „Selbstliebe" auf. Du schaust dir jedes der Worte ganz bewusst und intensiv an. Vielleicht siehst du auch diese Wörter wieder hell erleuchtet? Wie fühlen sich diese Emotionen für dich an? Spürst du die Selbstliebe in deinem Herzen? Bist du dankbar für das bewusste Empfinden deiner Gefühle? Was lösen diese Wörter in dir aus? Ist es ein warmes Gefühl, wenn dein Herz voller Dankbarkeit und Selbstliebe überquillt? Ist das ein ungewohntes Gefühl für dich? Ist es schön und spürst du, wie dankbar und voller Liebe du für dich selbst bist? Je mehr du in dieses Gefühl gehst umso mehr Liebe verströmst du. Siehst du auch die Liebe, die du für andere empfindest?

Dein kompletter innerer Raum ist nun erfüllt von hellen und positiven Gefühlen. Nimm all diese Emotionen in dich auf und spüre, wie es dein Herzchakra wachsen lässt. Dein Herz öffnet sich mehr und mehr. Kannst du spüren, wie erfüllt du bist? Kannst du fühlen, wie dankbar, glücklich, voller Liebe und Vertrauen du bist? Durch diese Gefühle füllst du all deine Zellen in deinem Körper mit neuer Energie. Kannst du spüren, wie kraftvoll du nun bist? Du weißt nun genau, dass du diese Emotionen jederzeit abrufen kannst, wenn du sie benötigst. Du musst nur zur Ruhe kommen, ein paar Mal tief ein- und ausatmen und dich auf deinen Atem konzentrieren. Dann kann dein inneres Licht aufleuchten und du nimmst die Gefühle wahr. Du weißt nun, dass die Freude in dir ist. Der Mut, das Vertrauen, die Dankbarkeit - all das ist in dir vorhanden. Deine Freude, die

Liebe - du hast alles in dir, was du benötigst, um glücklich zu sein. Es ist alles in dir. Diese Gefühle waren immer da und sie werden immer da sein. Und du kannst sie jederzeit abrufen und bewusst wahrnehmen.

Stell dir vor, dass du wieder zurück zur Treppe gehst. Mit jeder Stufe, die du nun wieder hoch steigst, kehrst du wieder Stück für Stück ins Hier und Jetzt zurück. Achte darauf, dass du weiterhin ruhig ein- und ausatmest. Mit der ersten Stufe beginnst du wieder deine Beine und Arme wahrzunehmen. Nimm deine Gliedmaßen, deine Muskeln wahr, spüre sie. Bewege deine Hände und deine Füße. Schüttle die Arme und Beine kurz. Nun steigst du auf die nächste Stufe der Treppe. Spüre, wie du Atemzug für Atemzug wieder in die Realität zurückkommst. Zuletzt steigst du auf die dritte Stufe. Du beginnst langsam die Augen zu öffnen. Du siehst dich um und bist wieder zurückgekehrt in die Gegenwart. Du fühlst dich wunderbar leicht. Stehe langsam auf, du bist wieder vollkommen im Hier und Jetzt angekommen. Du fühlst dich gestärkt, erfrischt und weißt, dass du jederzeit deine inneren Schätze zum Leuchten bringen kannst.

Je öfter du diese wundervolle Meditation praktizierst, umso deutlicher wirst du die positiven Gefühle spüren. Jedes Mal werden Freude, Mut, Vertrauen, Dankbarkeit und Selbstliebe stärker in dir leuchten und wirken. Die Liebe wird sich immer weiter in dir ausbreiten und dich durchfluten. Du wirst Stück für Stück mehr Vertrauen, Dankbarkeit und Selbstliebe empfinden. Wenn du am Ende dieser Meditation langsam wieder in den Alltag zurückkehrst, versuche immer ganz bewusst all diese Gefühle ins Hier und Jetzt mitzunehmen.

Gewinne Vertrauen ins Leben

Diese Meditation ist für mich persönlich eine wunderbare Möglichkeit, um mich geborgen und sicher zu fühlen. Wir können dadurch Liebe, Vertrauen und Lebensmut zurückgewinnen. Hier finden sich auch Elemente aus der Progressiven Muskelrelaxation nach Jacobsen in Kombination mit der Kraft deines inneren Helfers. Der Kontakt mit dem inneren Helfer kann eine sehr stärkende Erfahrung sein. Bei dieser Meditation geht es darum, das Urvertrauen ins Leben zu stärken oder wieder zurückzugewinnen. Genau dies ist es, was bei einem Schicksalsschlag leider oft verloren geht.

Sorge dafür, dass du ungestört bist. Setze oder lege dich bequem hin. Decke dich eventuell zu, damit du nicht frierst. Schließe nun deine Augen. Deine Gedanken fokussieren sich auf deinen Atem. Mit jedem Atemzug kommst du mehr und mehr in deine innere Ruhe. Nimm einen tiefen Atemzug, atme durch die Nase ein, halte kurz den Atem an und atme über den Mund langsam aus. Beobachte deinen Atem. Mit jedem Ausatmen kannst du alles loslassen, was du jetzt in diesem Moment loslassen möchtest. Atme während der Meditation einfach ruhig und ohne Anstrengung weiter.

Beginne damit, deine Aufmerksamkeit auf deine rechte Hand und den rechten Arm zu richten. Mit jedem Atemzug werden deine rechte Hand und der Arm schwerer. Es ist eine angenehme Schwere. Dann konzentriere dich auf die linke Seite. Die linke Hand und der linke Arm werden ebenfalls mit jedem Atemzug schwerer. Spürst du, wie entspannt beide Arme nun sind?

Als Nächstes fokussiere dich auf dein rechtes Bein. Der Fuß und das Bein werden ebenfalls nach und nach immer schwerer. Das Gleiche machst du nun mit dem linken Bein und dem linken Fuß. Merkst du, wie angenehm schwer sich deine Arme und Beine nun anfühlen? Alles ist gut und fühlt sich sehr behaglich an.

Nun nimm im Unterbewusstsein deinen inneren Helfer wahr. Eine Kraft, die du tief in dir spüren kannst und die immer da ist, um dir zu helfen. Die Atmung ist weiter entspannt und ruhig. Die

Augen bleiben weiterhin geschlossen. Welche Empfindungen kannst du spüren? Fühlst du dich beschützt und geborgen? Mit jedem Atemzug kannst du mehr und mehr eine besondere Energie spüren. Vielleicht nimmst du einen Schauder oder ein Kribbeln in deinem Körper wahr. So kannst du mit deinem inneren Helfer auf sanfte Weise in Kontakt kommen. Vielleicht kannst du ihn als ein Art Engel sehen, der schützend seine Flügel über dich ausbreitet? Möglicherweise siehst du deinen inneren Helfer auch als weiches, helles Licht vor deinem inneren Auge. Eventuell kannst du auch ganz intensiv die liebevolle Energie, die von ihm ausgeht, fühlen? Eine wohlige Energie, die dich sanft umhüllt. Du bist im Vertrauen, dass du beschützt wirst. Du fühlst dich komplett geborgen in dieser ganz besonderen Energie deines inneren Helfers. Du hast das komplette Vertrauen und weißt nun, dass er dich stets beschützen wird - auf all deinen Wegen. Er wird dich an die Hand nehmen und dir stets den rechten Weg weisen. Du fühlst nun ganz genau, wie er dir von nun an immer das Richtige sagen wird oder dich das Richtige tun lässt. Du empfindest eine besondere Ruhe in dir. Du spürst tiefes Vertrauen. Du nimmst wahr, wie sich tiefe Dankbarkeit und Liebe in dir immer weiter ausbreiten. Denn dein innerer Helfer wird immer für dich da sein. Und du weißt, dass du geborgen, geführt und geschützt bist.

Möglicherweise hörst du auch seine Worte? Er spricht zu dir voller Güte und Sanftmut. Seine Energie wirst du stets spüren können. Das ist ein besonders schönes Gefühl, da du weißt, dass er immer bei dir ist. Langsam kehrst du nun wieder ins Hier und Jetzt zurück. Behalte das wunderbare Gefühl von Geborgenheit und Güte. Du wirst immer und überall geborgen sein mit einem tiefen Vertrauen. Du weißt, dass er immer bei dir ist - wohin dich dein Weg auch führen mag. Er ist stets an deiner Seite.

Nun kommst du langsam zurück in den Alltag. Atme noch dreimal tief über die Nase ein und über den Mund aus. Strecke dich, öffne die Augen, sieh dich um und stehe langsam wieder auf.

Ich hab dir hier drei sehr unterschiedliche Meditationen vorgestellt. Die ein oder andere mag sich für „Kopfmenschen" möglicherweise eigenartig anhören. Das kenne ich von mir selber. Probiere einfach verschiedene Meditationen aus und finde eine, die sich für dich stimmig anfühlt. Es gibt sehr viele unterschiedliche Methoden, die sich eignen, das Vergangene hinter sich zu lassen und neu zu beginnen. Es ist nie zu spät, um sein Leben in eine positive Richtung zu lenken. Unser irdisches Leben ist nicht unendlich, deshalb sollten wir keine Zeit mehr mit Negativität verschwenden. Ich möchte dir aber auch sagen, dass es sich nicht von jetzt auf gleich ändern lässt. Positiv Denken ist ein Lernprozess. Wenn der Großteil unseres Lebens eher durch negative Gedanken geprägt war, kann man nicht erwarten, dass man innerhalb kürzester Zeit anders denkt. Aber je häufiger du bewusst daran arbeitest, umso einfacher und schneller wird sich dein Leben wandeln. Und ich bin der festen Überzeugung, dass man es mit regelmäßigen Übungen schafft, das Negative hinter sich zu lassen und den Blick nach vorne zu richten. Wenn du momentan in einer Lebenskrise steckst, wird deine Sicht noch ein wenig getrübt sein. Aber habe einfach den Mut und kehre dem Elend den Rücken. Auch ich habe lange gebraucht, um wieder in Farben zu sehen. Der Schmerz saß einfach zu tief. Doch eine andere Sichtweise erlaubt es uns, weiterzugehen. Und glaube mir, es lohnt sich.

5
WAS IST EIGENTLICH ACHTSAMKEIT?

„Wenn die Achtsamkeit etwas Schönes berührt, offenbart sie dessen Schönheit. Wenn sie etwas Schmerzvolles berührt, wandelt sie es um und heilt es."

— THICH NHAT HANH

Als Kind sagte meine Mutter sehr oft: „Johannes, mach eine Sache nach der anderen. Und konzentriere dich stets auf das, was du gerade machst." Dieser weitere weise Ratschlag meiner Mutter bringt gut auf den Punkt, was Achtsamkeit bedeutet. Sie praktizierte dies schon vor 40 Jahren. Ich denke nicht, dass sie sich darüber bewusst war, dass dieser Ratschlag etwas mit Buddhismus zu tun haben könnte. Heutzutage nennt man dies „Achtsamkeit". Doch was bedeutet das genau?

Achtsamkeit kommt aus dem Buddhismus und bedeutet, dass man seine Aufmerksamkeit bewusst auf den aktuellen Moment lenkt. Ich selbst habe jahrzehntelang nicht mehr an den Ratschlag meiner Mutter gedacht - bis ich vor geraumer Zeit zum Geburtstag einen Achtsamkeits-Workshop geschenkt bekam. Und ganz ehrlich, ich habe mich am Anfang bei gewissen Übungen sehr amüsiert. Doch je öfter ich bewusst achtsam war, umso mehr ging mir das in Fleisch und Blut über. Mittlerweile machen meine Lebensgefährtin und ich jedes Jahr einen Achtsamkeits-Urlaub in einem Yoga-Retreat. Ich kann dir so einen Urlaub nur wärmstens empfehlen. Wir können dort immer wunderbar unseren Stress hinter uns lassen und zur Ruhe kommen.

ACHTSAMKEIT - DEN INNEREN FRIEDEN ENTDECKEN

Achtsamkeit - im Englischen „Mindfulness" genannt - hilft uns dabei, stressresistenter zu werden. Außerdem können wir mehr Zufriedenheit und Lebensfreude erlangen. Achtsamkeit ist in der westlichen Welt mittlerweile groß in Mode gekommen. Die positive Wirkung der Achtsamkeit ist auch wissenschaftlich belegt. Bei der Achtsamkeit geht es darum, im Hier und Jetzt zu leben. Sowohl geistig als auch körperlich. So zu leben ist für die meisten gar nicht so einfach. Denn viele Menschen leben in der Vergangenheit, machen sich Sorgen über die Zukunft und sind ständig am Grübeln. Wenn man achtsam ist, fokussiert man sich hingegen auf den gegenwärtigen Moment, ohne diesen Moment jedoch zu bewerten. Dies ist natürlich schwierig, weil wir Menschen dazu neigen, ständig alles zu bewerten. Ist man achtsam, dann lässt man die Bewertung sein und konzentriert sich auf das, was man tut, fühlt, denkt oder wahrnimmt. Normalerweise gehen wir alle sehr unachtsam durchs Leben. Oft befinden wir uns im „Autopilot-Modus", ohne dass wir bewusst über die Dinge nachdenken, die wir tun. Das beginnt schon morgens beim Aufstehen. Wir stehen auf, gehen duschen, frühstücken, lesen die

Zeitung. Dann geht es in die Arbeit und so weiter. Jeden Tag aufs Neue. Dies ist für uns ganz normal und wir nehmen nicht wahr, wie wir uns dabei fühlen, was wir denken oder was in unserem Umfeld geschieht. Achtsamkeit hingegen heißt, dass wir voll und ganz im Moment leben. Wir beobachten uns selbst und unsere Umwelt ganz genau. Wir bekommen bewusst alles mit. Wir wählen auch ganz bewusst und achtsam aus, was wir tun und sind mit unserer Aufmerksamkeit bei dem, was wir tun. Achtsamkeit kann das Wohlbefinden steigern. Davon sind mittlerweile auch viele Wissenschaftler überzeugt.

WOHER STAMMT ACHTSAMKEIT?

Wie schon erwähnt, kommt der Begriff Achtsamkeit aus dem Buddhismus. Die Achtsamkeit hat eine lange Tradition und bereits Buddha lehrte sie vor über 2600 Jahren. Die besondere Bedeutung kommt hier dem „Satipatthana Sutra" zu, den Unterweisungen zum vierfachen Kultivieren von Achtsamkeit.

Die „vier Grundlagen" für die Achtsamkeit sind:

- Die Achtsamkeit auf den Körper (vor allem Betrachtung des Atems)
- Die Achtsamkeit auf die Gefühle (angenehme, unangenehme und neutrale Gefühle und deren Wirkung auf unser Denken und Handeln)
- Die Achtsamkeit auf Geistesinhalte (Bewusstwerden für Gewohnheiten, Überzeugungen, unbewusste Emotionen)
- Die Achtsamkeit auf die Geistesobjekte (Objekte, z.B. Dinge oder Gedanken, die aktuell wahrgenommen werden).

Die Achtsamkeit wurde in den 1970er Jahren zunehmend auch in der westlichen Kultur bekannt und findet auch heute noch in vielen Bereichen große Akzeptanz. Mittlerweile wird die Achtsamkeit auch in der Psychotherapie eingesetzt - entweder im Rahmen der eigentlichen Therapie oder auch zur Prävention von psychischen und körperlichen Störungen.

WAS GENAU IST ACHTSAMKEIT – UND WAS NICHT?

Achtsamkeit ist eine besondere Form von Aufmerksamkeit. Es ist eine Praxis für den Alltag, eine innere Haltung. Bei Achtsamkeit handelt es sich um einen klaren Bewusstseinszustand, der es uns erlaubt, jede innere und äußere Erfahrung im gegenwärtigen Moment - ganz ohne Bewertungen – anzunehmen und diese auch zuzulassen. Achtsamkeit ist keine Entspannungstechnik. Denn wenn uns bewusst wird, was manchmal in unserem Leben vor sich geht, ist es oft alles andere als entspannend. Vor allem, wenn wir uns in einer schwierigen Situation befinden. Achtsamkeit ist auch keine Religion. In der westlichen Welt wird die Achtsamkeitspraxis vor allem, wie schon erwähnt, zur Heilung und Prävention innerhalb der Psychotherapie betrachtet. Achtsamkeit ist auch keine Technik, mit der wir unserem Alltag entfliehen können. Es bedeutet auch nicht, dass wir unseren Kopf frei bekommen. Denn Gedanken sind immer da. Aber wir können sie zur Ruhe bringen und ordnen. Wenn wir achtsam leben, verhilft uns dies zu einer harmonischen Beziehung mit unseren Gefühlen und Gedanken.

WAS BEWIRKT DIE ACHTSAMKEITSPRAXIS?

Du fragst dich möglicherweise, wozu du Achtsamkeit praktizieren solltest. Durch die Achtsamkeitspraxis bekommen wir Zugang zu unseren eigenen Ressourcen und können unsere – oft selbst gesteckten - Grenzen erweitern. Dadurch erhält man ein klareres Verständnis hinsichtlich des eigenen Lebens.

- Wir beruhigen und stabilisieren unseren Geist. Man wird nicht mehr von Gedankenströmen „aufgefressen".
- Stresssituationen, schwierigen Lebensumständen, sowie psychischen oder emotionalen Belastungen gegenüber fühlen wir uns besser gewachsen.
- Wir sind geduldiger und mitfühlender mit uns selbst. Wir können uns selbst besser akzeptieren.
- Wir sind weniger ängstlich und viel seltener deprimiert.
- Wir lernen, unsere Impulse zu kontrollieren. Dadurch sind wir weniger aufbrausend.
- Wir können negative Emotionen in sinnvolle Kanäle lenken.
- Wir schaffen es besser, freundlich und bestimmt, unsere Grenzen zu setzen. Wir handeln selbstbewusster und selbstbestimmter.
- Wir entwickeln mehr Lebensfreude, Souveränität und Stabilität. Und können diese auch in schwierigen Lebensumständen beibehalten.

ACHTSAMKEIT IN KRISENSITUATIONEN UND DER UMGANG MIT NIEDERLAGEN

Unser Leben birgt viele Hindernisse - ob Krise oder Niederlage. Man kann Rückschläge eben nicht immer vermeiden. Es ist einzig und allein entscheidend, ob wir die Krise bewältigen können oder nicht. In Achtsamkeits-Übungen sehen wir uns den Schmerz, die Krankheit oder das Gefühl, das uns belastet, an. Wir konzentrieren uns auf unseren Atem, nehmen Gefühle an und können die Situation loslassen. Wir klammern uns nicht daran, wir überspielen es nicht und wir verdrängen es nicht. Bei der Achtsamkeit sehen wir Krisen als Chance, akzeptieren sie und atmen. Wir merken zwar, dass Gedanken an unser Problem auftauchen, lenken aber unsere Aufmerksamkeit immer wieder auf den Atem. Achtsamkeitsübungen[33] können uns dabei helfen, mit Krisen und Stress umgehen zu lernen und trotz der Herausforderungen gelassen zu sein.

WIE KANN ICH ACHTSAMKEIT TRAINIEREN?

Ich zeige dir nun sechs Alltagsübungen, wie du Achtsamkeit trainieren kannst.

Die bewusste Atemübung

Die 4-7-8 Atemübung[34] ist einfach, sie geht schnell und kann überall durchgeführt werden.

- Setze dich hin und halte deinen Rücken gerade. Lege deine Zungenspitze direkt hinter die oberen Vorderzähne an den Gaumen und halte die Zunge dort während der gesamten Übung.
- Atme ruhig durch die Nase ein und zähle im Geiste bis vier.
- Halte den Atem an und zähle bis sieben.
- Atme hörbar durch deinen Mund aus und zähle bis acht.
- Dieses Ein- und Ausatmen gilt als ein Atemzug. Wiederhole dies noch dreimal.
- Die Zungenspitze bleibt die ganze Zeit in Position.
- Die Gesamtzeit, die du in jeder Phase verbringst, ist nicht wichtig. Wichtig ist lediglich das Verhältnis von 4-7-8.

Bewusstes Laufen

Während des Gehens kannst du bewusst deine Achtsamkeit schulen.

- Stell dich aufrecht hin und nimm bewusst wahr, auf welchem Untergrund du stehst. Nehme den Boden wahr.
- Bilde mit deiner dominierenden Hand (mit der du schreibst) eine Faust, der Daumen liegt auf deiner Handfläche, die anderen Finger sind darüber. Die Hand führst du zu deinem Bauchnabel. Die andere Hand kommt darüber. Sinn des Ganzen ist hier, dass du damit die Balance hältst.
- Während der Übung schaust du auf den Boden.
- Nun beginnst du mit dem achtsamen Gehen. Mach den ersten Schritt und nimm genau wahr, wie dein Fuß sich bewegt. Konzentriere dich darauf, wie du den Fuß hebst, wie die Ferse zuerst den Boden wieder berührt und dann deine Zehenspitzen. Dasselbe machst du mit dem anderen Fuß.
- Gehe nun langsam im Raum hin und her. Achte auf jeden Schritt. Wenn du zwischenzeitlich mit deinen Gedanken abschweifst, lass sie bewusst weiterziehen und fokussiere dich wieder auf deinen Gang.
- Mach diese Übung ca. zehn Minuten lang.

Der achtsame Zuhörer

Bei dieser Übung fährst du den Lärm deiner eigenen Gedanken zurück und widmest dich mit mehr Aufmerksamkeit deinem Gegenüber.

- Achte auf dein Inneres: „Wie fühle ich mich gerade? Hält mich gerade irgendetwas davon ab, für mein Gegenüber präsent zu sein?" Wenn du das Gefühl hast, dass irgendetwas störend ist, überlege dir, wie und wann du das ansprechen kannst, wenn es für dich wichtig ist.
- Spüre dein eigenes Dasein, erweitere dieses Gefühl auf deinen Gesprächspartner. Nimm dein Gegenüber wahr.

Hör ihm genau zu. Was hat er zu sagen? Sei interessiert und zeige deine Empathie.
- Mach dir mental Notizen zu deinen eigenen Reaktionen – zu deinen Ideen, Gefühlen und Erinnerungen. Nachdem du das getan hast, fokussierst du dich wieder vollkommen auf dein Gegenüber.
- Spiegle das, was du hörst. Das bedeutet, dass du auch die Wörter verwenden sollst, wie dein Gegenüber. Fasse zusammen, was dir die Person erzählt hat. Damit kannst du deinem Gesprächspartner vermitteln, dass du zugehört hast und du sicherstellen willst, dein Gegenüber wirklich zu verstehen.
- Wenn du Fragen hast, sei freundlich. Schätze die Meinung des anderen wert. Das heißt nicht, dass du gleich zustimmst, sondern lediglich, dass du bewusst zugehört hast. Deine eigenen Gefühle und Ideen kannst du deinem Gegenüber auch liebevoll und freundlich mitteilen.

Die Rosinenübung

Magst du Rosinen[35]? Perfekt! Dann wirst du die vierte Achtsamkeitsübung auch mögen.

- Lege eine Rosine vor dich und schaue sie dir intensiv an. Was siehst du?
- Nun nimmst du sie in die Hand, während du deine Augen schließt. Welche Gedanken kommen dir nun? Wie nimmst du die Rosine wahr? Schrumpelig? Glatt? Klebrig?
- Öffne die Augen und schaue dir die Rosine an. Was siehst du? Falten, Farbveränderungen, Dellen? Ist sie rund oder oval?
- Schließe wieder deine Augen und rieche an der Rosine.

WAS IST EIGENTLICH ACHTSAMKEIT? | 111

Wie riecht sie? Süß oder neutral? Welchen Geruch nimmst du wahr?
- Jetzt nimm die Rosine in den Mund und schmecke sie ganz bewusst. Was geht dir durch den Kopf? Ist sie weich, welchen Geschmack hat sie? Kaue sie ganz langsam und nehme alles wahr - die verschiedenen Geschmacksrichtungen deiner Zunge oder auch die Konsistenz.

Die liebende Herzensgüte

Mit dieser Methode kannst du lernen, dich selbst zu lieben. Du bekommst ein ganz anderes Selbstbild.

- Fang damit an, dich über deine eigene Güte zu freuen. Erinnere dich an die Dinge, die du aus Herzensgüte getan hast. Nimm wahr, was du gespürt hast, wie deine Emotionen und Reaktionen waren.
- Lies entweder in Gedanken oder laut vor, was du dir aus ganzem Herzen wünscht.

Ein paar Beispiele sind:

- Auf dass ich die Liebe spüre und meine Lebensfreude grenzenlos ist.
- Auf dass ich mich an meiner Gesundheit erfreue.
- Auf dass ich meine Vergangenheit hinter mir lasse und mich meinem Leben wieder widme.
- Auf dass ich all das Schöne in meinem Leben sehe.
- Auf dass ich den Blick nach vorne richte.
- Auf dass ich dem Leben eine Chance gebe.
- Auf dass ich Liebe und Freude erlebe.

Wiederhole diese Glaubenssätze in kurzen Abständen. Deine Aufmerksamkeit richtet sich jeweils auf den Satz, den du gerade liest.

- Jedes Mal, wenn du bemerkst, dass deine Aufmerksamkeit abschweift, lasse die Ablenkung los und wiederhole die Sätze, ohne zu urteilen.
- Nachdem du das einige Zeit gemacht hast, stell dir vor, dass du in der Mitte eines Kreises stehst. Dieser Kreis setzt sich aus deinen Freunden oder auch Menschen zusammen, die dich in irgendeiner Weise inspirieren. Egal, ob du sie persönlich kennst oder nicht.
- Sieh dich selbst als den Empfänger der kompletten Aufmerksamkeit. Die Menschen im Kreis schenken dir ihre ungeteilte Liebe und Zuneigung. Stell dir vor, dass du in der Mitte des Kreises stehst. Wiederhole die oben genannten Sätze immer wieder.
- Zum Beenden der Übung tritt im Geiste wieder aus dem Kreis heraus. Wiederhole die Sätze noch ein paar Mal. Dabei kannst du die verletzte Beziehung zu dir selbst in Liebe verwandeln. Auf diesem Weg unterstützt dich die Kraft der Güte und Freundlichkeit.

Übung für besseren Schlaf

Diese Übung ist wunderbar zum Abschalten und Einschlafen geeignet. Vielen Menschen fällt es schwer, abends Ruhe und Entspannung zu finden.

- Ungefähr eine Stunde vor dem Zubettgehen solltest du dein Zimmer verdunkeln. Dimme das Licht oder schalte dir ein Nachtlicht ein. Dadurch startest du dein persönliches Herunterfahren von Geist und Körper.

- Vertreibe dir die Zeit mit entspannenden, ruhigen Aktivitäten.
- Vermeide in dieser letzten Stunde vor dem Schlafengehen Fernseher, Tablet, Computer und Handy – das blaue Licht ist für einen erholsamen und ruhigen Schlaf nicht sehr förderlich. Beginne zehn Minuten bevor du ins Bett gehst mit einer Achtsamkeitsübung. Setze dich auf die Couch, einen Sessel oder auf den Boden. Das Licht sollte noch gedimmt sein. Stell dir in Gedanken deinen Körper vor. Fang an, ihn bewusst zu spüren.
- Spürst du den Druck deines Körpers? Achte darauf, wo du mehr Druck wahrnimmst und wo weniger. Beginne bei deinem Kopf. Berührt er die Couch? Wie schwer fühlt sich dein Kopf an? Richte deine Aufmerksamkeit nun nach und nach langsam auf die Ohren, deine Schultern, Arme und Beine.
- Lenke deine Aufmerksamkeit immer weiter deinen Körper entlang, bis du bei den Zehen angelangt bist. Dann richtest du die Aufmerksamkeit auf die Rückseite deines Körpers, von den Füßen bis hoch zum Kopf. Für diese Übung benötigst du nicht mehr als fünf Minuten.
- Wenn du merkst, dass deine Gedanken abschweifen, nimm es an und schiebe die Gedanken beiseite. Verurteile sie nicht, lass sie weiterziehen. Achte einfach darauf, dass die Konzentration immer wieder zurück zu deinem Körper geht.
- Wenn du ins Bett gehst, konzentriere dich ganz auf deine Atmung. Wenn du nicht einschlafen kannst, steh nochmal auf und wiederhole die Übung. Wichtig ist auch, dass du wirklich erst ins Bett gehst, wenn du müde bist.

Für mich ist Achtsamkeit nicht nur ein aktueller Trend, sondern eine Haltung, um viel bewusster durchs Leben zu gehen. Mich persönlich hat die Achtsamkeit gelehrt, dass das Leben vergänglich ist. Es unterliegt einem ständigen Wandel und die Vergangenheit lässt sich nicht mehr ändern. Ich lebe im Jetzt und entwickle mich in dem Wissen weiter, dass eine Veränderung immer möglich und auch für unsere Entwicklung von enormer Bedeutung ist. Ich sehe nach vorne und akzeptiere, was gewesen ist. Jedoch hänge ich nicht mehr an der Vergangenheit fest. Ich habe aufgehört, zu bewerten. Körperlich und mental befinde ich mich im Hier und Jetzt.

DIE REISE ZU DEINEM „WARUM"

„Man lebt nicht, wenn man nicht für etwas lebt."

— ROBERT WALSER

Den Sinn des Lebens[36] zu finden, ist nicht nur eines der großen Ziele der Philosophie, sondern bereitet auch vielen Menschen Schwierigkeiten. Besonders jenen, die schon einmal eine persönliche Katastrophe erleben mussten. Ich kann mich noch an fast jede Einzelheit erinnern. Das war ungefähr einen Monat nach meinem Unfall. Ich lag noch im Krankenhaus, war zum Teil gelähmt und bemitleidete mich selbst. Den ganzen Tag lag ich nur herum, wollte niemanden sehen und philosophierte über den Sinn des Lebens - meines Lebens. Doch ich konnte ihn einfach nicht finden. Je länger ich darüber nachdachte, umso mehr versank ich in Selbstmitleid. Ich hatte nichts mehr, was mich erfüllt. Ich hatte das verloren, was mich glücklich machte. Es gab sogar Tage, an denen ich mir nichts sehnlicher gewünscht habe, als meine Vergangenheit zu vergessen. Die

Erinnerung an die schönen Zeiten, die nun vorüber waren, war zu schmerzhaft. Doch jeden Morgen wachte ich auf und erinnerte mich noch immer. Jeden Abend betete ich, dass ich eine Amnesie bekomme und am nächsten Tag nicht mal mehr weiß, wie ich heiße. Zum Glück funktionierte es nicht. Denn ich hätte nicht nur den Unfall vergessen, sondern auch das gemeinsame Leben mit meiner Frau, für das ich sehr dankbar bin. Heute bin ich froh, dass das Universum nicht jeden Wunsch erfüllt. Die Sinnsuche beschäftigte mich selbst sehr lange. Die Suche nach dem Sinn des Lebens ist meiner Meinung nach eine der Quintessenzen unseres Daseins. Irgendwann fragt sich jeder Mensch einmal, wozu man eigentlich auf dieser Welt ist. Ich glaube zwar, dass dies unabhängig von etwaigen Schicksalsschlägen geschieht. Aber in den meisten Fällen kann man es doch auf ein kritisches Lebensereignis zurückführen. Bei mir war es so, obwohl ich mich mit Sicherheit irgendwann ohnehin auf die Suche nach dem Sinn des Lebens begeben hätte. Und das ist auch wichtig. Insbesondere, wenn man die Vergangenheit loslassen möchte. Wenn man sich in einer Krise befindet, sieht man oft keinen Grund mehr jeden Morgen aufzustehen. Vielleicht kennst du das Gefühl, wenn man sich leer fühlt und zu nichts zu gebrauchen ist. Ständig jammernd und alles schwarzsehend. Ich selbst war viel zu lange in dieser Abwärtsspirale gefangen und wenn du dich gerade noch mittendrin befindest, dann wünsche ich dir von Herzen, dass du deinen Sinn des Lebens schnell wieder findest.

AUF SINNSUCHE GEHEN - FÜR DAS LOSLASSEN UND DEN NEUBEGINN

Als ich begonnen habe, an diesem Buch zu schreiben, begann ich zunächst mit einer Mindmap. Ich sammelte alle Ideen und begab mich auch auf die Suche nach Zitaten, die zu diesem Thema passen. Einige kennst du ja bereits. Zum Thema Sinnsuche fand ich ein Zitat von Friedrich Nietzsche, das mich von Zeit zu Zeit dazu ermuntert, mein Leben zu reflektieren und zu optimieren: *„Wer ein Warum hat, dem ist kein Wie zu schwer."* Treffender kann man dies kaum ausdrücken. Egal in welcher Phase deines Lebens du dich gerade befindest, das „Warum" herauszufinden zahlt sich immer aus. Der Prozess der Selbstfindung[37] bringt dich voran.

Die Selbstfindung ist aber nicht nur gut, um etwas altes loslassen zu können. Dieser Prozess ist für deine Beziehungen, den Erfolg, die Zufriedenheit und dein Lebensglück sehr wichtig. Denn man stellt sich ja nicht bloß die Frage: „Warum bin ich auf der Welt?" Es gibt viel mehr zu erforschen und aus eigener Erfahrung kann ich dir sagen, dass es doch hin und wieder sehr aufschlussreich ist. Und vor allem glaube ich, dass man sich diese Fragen nicht nur einmal im Leben stellt. Denn es passieren immer wieder Dinge, die nicht geplant waren. Außerdem verändern wir uns unser ganzes Leben hinweg. Mit 18 Jahren hatte ich ganz andere Vorstellungen vom Leben als mit 28, 38 oder 48. Für mich ist die Suche nach dem Sinn ein ganz entscheidender Schritt für die Persönlichkeitsentwicklung. Ich persönlich strebe danach, stets weiterzuwachsen. Ich will nicht stehenbleiben. Mein persönliches Wachstum ist für mich die Erfüllung des Lebens. Die Sinnsuche[38] bringt uns Klarheit, in welchem Bereich auch immer. Nur wenn ich weiß, was für mich wichtig oder unwichtig ist, kann ich das auch erreichen. Ein als sinnvoll empfundenes Leben hat einen enormen positiven Einfluss auf unseren Gemütszustand. Wenn wir glücklich sind, weil wir unser Leben als sinnvoll betrachten, gestalten wir unseren Alltag auch ganz anders. Wir sind optimistischer und zufriedener. Und wenn wir wissen, was uns persönlich glücklich macht, sind wir auf einem sehr guten Weg. Zunächst jedoch fällt einem die Selbstfindung oft gar nicht so leicht. Es gibt mehrere Möglichkeiten und Übungen, die ich selbst praktiziere und die ich dir gerne zeigen möchte. Für den Anfang mag ich eine Übung besonders gerne, weil sie einen ganz wunderbar dazu bringt, über die Schlüsselerlebnisse seines bisherigen Lebens nachzudenken.

Also - stell dir einmal folgende Fragen und lass dir mit dem Beantworten ganz bewusst Zeit:

- Was war das schönste und großartigste Erlebnis in meinem Leben? Und warum?
- Welchen wichtigen Wendepunkt in meinem Leben gab es, der dazu führte, dass ich mich sehr verändert bzw. weiterentwickelt habe?
- Wie kam dieser Wendepunkt zustande?
- Was war das schlimmste Erlebnis in meinem ganzen Leben?
- Wie, wodurch oder durch wen kam ich darüber hinweg?
- Was ist die früheste Erfahrung, an die ich mich erinnere?
- Wie habe ich mich dabei gefühlt, als ich diese Erfahrung gemacht habe?
- Wie stelle ich mir meine Zukunft vor?
- Was kann ich tun, damit ich den Sinn meines Lebens, der jetzt von Bedeutung ist, finde?

Die Suche nach dem Sinn des Lebens gibt dir auch die Möglichkeit, deine Wünsche und Ziele genauer ins Visier zu nehmen. Zudem wird dir bewusst, was genau dir Lebensfreude und Erfüllung bringt. Wir müssen Ziele für die Zukunft finden, wenn wir die Vergangenheit loslassen wollen. Etwas wofür man brennt, wo die Leidenschaft entfacht wird. Du analysierst quasi dein Leben und findest heraus, wohin dein Weg dich führen soll. Manchmal erschweren unsere Verhaltensmuster und falschen Glaubenssätze diese Suche. Und auch das Nicht-Loslassen kann ein Hindernis auf dem Weg in unser neues Leben darstellen. Je eher wir uns diesen Hindernissen stellen, umso einfacher wird es sein, den aktuellen Lebenssinn zu finden. Wenn ich daran denke, wie es bei mir nach meinem Verlust und dem Schmerz war, weiß ich, dass es nicht so leicht ist. Aber es ist die Mühen wirklich wert. Denn im Grunde genommen wünschen wir uns doch alle ein glückliches Leben. Und das gelingt uns nur, wenn wir bereit sind, auch etwas dafür zu tun. Oder wie der Dalai Lama einst sagte: „*Glücklichsein ist nichts vorgefertigtes. Es ergibt sich aus deinen eigenen Handlungen.*" Also wenn du bereit bist, alles loszulassen, was dich gefangen hält, dann beginne zu handeln.

MIT DER SELBSTFINDUNG ZUR SINNFINDUNG

Wenn dir das Finden deines Lebenssinnes noch Probleme bereitet, dann finde dich vorerst einmal selbst. Und wenn du dich hin und wieder fragst: „War das schon alles?", dann ist es höchste Zeit. Um den Sinn des Lebens leichter zu finden, gibt es einige Tipps, die dir dabei helfen können:

Du bist dein bester Maßstab

Wir alle vergleichen uns viel zu oft mit anderen. Nicht selten messen wir uns zum Beispiel im Beruf an unseren Arbeitskollegen oder bei der Partnersuche an anderen, erfolgreicheren Personen. Nur ist dieses Vergleichen für die Selbstfindung sehr kontraproduktiv. Was andere tun, was sie über uns denken oder wie sie uns bewerten, ist lediglich eine Art Feedback für uns selbst, das uns nicht sonderlich beschäftigen sollte. Jeder hat eine andere Wahrnehmung und es sollte uns nicht berühren, wie andere unser Aussehen und Verhalten beurteilen. Wenn du dich und deine eigene Identität festigen und dich selbst besser kennenlernen möchtest, dann verlasse dich nicht auf die Meinungen von anderen Personen. Nimm Feedback oder Meinungen von anderen an, aber hinterfrage es und mach dir bewusst, dass das nicht zwangsläufig die Wahrheit ist. Die Selbstfindung benötigt ein Loslassen vom Geschmack der breiten Masse, vom Ideal der anderen. Fokussiere dich nur auf dich. Entscheidend ist in erster Linie, was du willst und brauchst, was deine Bedürfnisse und deine Werte sind.

Stell dich deinen Ängsten

Manchmal müssen wir die Angst vor eventuellen Konsequenzen erst überwinden, damit wir uns selbst kennenlernen können. Das können unterschiedliche Ängste sein - etwa vor einem finanziellen Debakel, einem Image-Verlust oder sonstigen folgenschweren Ereignissen. Ich habe dir schon beim Thema positives Denken erklärt, dass es durchaus hilfreich sein kann, wenn wir uns das Worst-Case-Szenario vorstellen. Meistens stellen wir dann fest, dass es eigentlich nicht so schlimm ist.

Probiere was Neues aus

Im Kapitel über die Krisenbewältigung hast du schon gelernt, dass wir öfters unsere Komfortzone verlassen sollten. Bei der Selbstfindung ist dies unbedingt notwendig. Denn wenn wir nur innerhalb der Komfortzone bleiben, können wir uns nicht entfalten. Du findest erst heraus, was in dir steckt und was du wirklich willst, wenn du aus deinem selbstgemachten Gefängnis ausbrichst und Grenzen überschreitest. Du wirst an den neuen Erfahrungen, die du machst, wachsen. Du siehst es ja bei mir. Ich habe jahrelang mit dem Schreiben dieses Buches gezögert. Ich dachte niemals, dass ich so viel zu sagen hätte, das von Bedeutung sein könnte. Von daher habe ich das Vorhaben, meine Geschichte zu erzählen, immer wieder vor mir her geschoben. Und hätte ich meine Komfortzone nicht verlassen, wüsste ich heute noch nicht, was in mir steckt und was meine Leidenschaft erweckt. Ich hätte niemals anderen Menschen geholfen und die damit verbundenen, überwältigenden Erfahrungen gemacht. Und genau an diesen Erfahrungen können wir wachsen.

Baue dir soziale Beziehungen auf

Durch Gespräche und neue Beziehungen kannst du viel über dich selbst lernen. Du kannst die Lebenseinstellungen, Erfahrungen und Ziele der anderen Leute quasi als Anlass zur Reflexion sehen. Es hilft dir dabei, deine eigenen Maßstäbe zu überprüfen und deine Werte zu hinterfragen. Deine Selbstfindung wird durch solche Beziehungen enorm gestärkt.

Lerne gelassener zu sein

Du kennst es bereits aus dem Kapitel zur Meditation: Gelassenheit hilft uns dabei, in bestimmten Situationen ruhig zu bleiben. Es passiert viel zu oft, dass wir die Kontrolle über uns verlieren. Wenn wir uns ungerecht behandelt oder betrogen fühlen, kann uns das sehr schnell aus der Fassung bringen. Jedoch gerade in dieser Situation entspannt zu bleiben, bringt uns die Gelassenheit zurück und uns selbst wieder näher. Deshalb ist Gelassenheit auch ein wichtiger Schritt zur Selbstfindung.

Setze deine Maske ab

Wir alle tragen im Alltag immer mal wieder eine Maske oder nehmen eine Rolle ein, die nicht völlig unserem wahren Selbst entspricht. Das machen wir zum Beispiel, um anderen zu gefallen und Anerkennung zu erhalten. Das ist ganz normal. Aber was passiert, wenn wir unsere Masken ablegen? Dies fordert mit Sicherheit oftmals Überwindung. Wenn du in deinem Selbstfindungsprozess jedoch diesen Punkt erreicht hast, bist du schon sehr weit gekommen. Du weißt, wer du bist und was du willst. Von daher wäre es doch nicht sehr sinnvoll, weiterhin eine

„Rolle" zu spielen. Oder was denkst du? Du musst dich nicht mehr verstellen, um anderen zu gefallen. Das bist nicht du und du hast es nicht nötig. Selbstfindung ist keine Selbstdarstellung. Auch wenn es vielleicht dem ein oder anderen nicht gefällt, dass du nun bewusst zu dir selbst stehst. Das ist egal - denn du hast es geschafft und bist selbstbewusst.

WAS WILLST DU VOM LEBEN? FÜR DIE LEBENSPLANUNG IST ES NIE ZU SPÄT!

Hast du dir bereits als Teenager Gedanken zu deiner Lebensplanung gemacht? Wenn ja, hast du diese auch konkret in die Tat umgesetzt? Oder warst du eher planlos und hast dir alle Optionen offen gehalten? Ich habe mir während meiner Jugend keine großen Gedanken über meine Zukunft gemacht. Ich war eher der entspannte Typ und dachte: „Es kommt, wie's kommt." Mein Bruder war da ganz anders. Der wusste bereits als Kind, dass er einmal Anwalt werden und eine große Kanzlei haben wollte. Und ich muss ihm meinen Respekt zollen. Denn er hat seine Pläne alle verwirklicht. Zumindest die beruflichen Ziele. Bei mir war es so, dass ich den Mittelweg einschlug. Weil es mir an etwas entscheidendem mangelte - meine bewusste Entscheidung für etwas. Wenn es dir auch so geht oder du etwas machst, was so gar nicht deinen Vorstellungen von einst entspricht – und du spürst, dass du nicht wirklich erfüllt bist - dann hol es einfach nach. Oft lässt man sich auch entmutigen. Vor allem, wenn man sich von Rückschlägen beeinflussen lässt. Und 1:1 lässt sich oft auch nicht alles umsetzen. Da heißt es dann, flexibel zu bleiben. Den Weg, trotz einiger Umwege und Widerstände, weiterzugehen. Du siehst ja, wie es bei mir war. Meine Pläne, die ich mit 20 hatte, habe ich auch nur zum Teil verwirklicht. Nach unserer Familiengründung war es mein Plan, gemeinsam mit meiner Frau alt zu werden. Mit 85 Jahren noch Händchen haltend auf der Parkbank zu sitzen. Aber das Schicksal hatte andere Pläne für mich. Und somit musste ich einige Umwege einlegen und die Steine, die sich mir in den Weg stellten, wegräumen. Wenn man jedoch in solchen Situationen auf stur schaltet und eine „So habe ich das aber nicht gewollt"-Haltung einnimmt und am ursprünglich Geplanten festhält, steht man sich selbst im Weg. Wenn du diese Haltung eingenommen hast, verhinderst du langfristig dein Glück und deine Zufriedenheit.

Eine fundierte Lebensplanung, egal wann man sie macht, bedarf mehrerer Schritte. Zunächst musst du dir die Frage stellen: „Was will ich eigentlich vom Leben?" Die Antwort darauf zu finden, kann eine Weile in Anspruch nehmen. Es bedarf einer genauen Reflexion. Dieses Nachdenken über sich selbst und das eigene Verhalten, die eigenen Bedürfnisse, Wünsche und Hoffnungen ist von entscheidender Bedeutung und das Fundament für die Lebensplanung. Eintreten wird dies alles aber natürlich nur, wenn du deine Pläne auch in die Tat umsetzt. Denn nur zu reflektieren was du willst, bringt dich nicht sehr weit, wenn es an der Realisierung scheitert. Besonders, wenn du dein bisheriges Leben oder eine Krise hinter dir lassen willst. Dann darfst du nicht stehen bleiben und die Veränderungen ständig hinausschieben. Wenn du dich in einer großen Lebenskrise befindest, darfst du nicht warten, bis sie vielleicht irgendwann einmal vorübergeht. Du musst handeln. Und da ist es auch ganz egal, was zu deinem Leid geführt hat. Hast du deinen Job und deine Existenzgrundlage verloren? Dann werde dir klar darüber, was du in Zukunft willst und agiere. Oder wenn du dich momentan in einer unglücklichen Beziehung befindest. Es hilft dir nicht, wenn du einfach nur abwartest. Lass das, was dich unzufrieden macht, hinter dir und befreie dich. Wenn ich nach dem Tod meiner Frau nicht eines Tages mit der Umsetzung meiner Ziele begonnen hätte, wäre ich möglicherweise bereits tot oder zumindest immer noch sehr unglücklich. Doch ich habe verstanden, dass es nichts bringt, dem vergangenen hinterherzutrauern. Man muss das

Beste aus der Situation machen. Je länger du deine Probleme hinausschiebst und nichts tust, umso länger dauert das Leid und der „Loslass-Prozess". Und das Traurige dabei ist, dass du wertvolle Lebenszeit verschwendest. Ich wünsche jedem Menschen von Herzen, dass er eines Tages zurückblicken kann und weiß, dass er das Beste daraus gemacht hat. Dazu fällt mir ein Spruch ein, der von einem populären Zitat abgewandelt wurde, und den ich in diesem Zusammenhang sehr passend finde: *„Wenn dir das Leben eine Zitrone gibt, frag nach Salz und Tequila."* Das ist genau das, was man machen sollte. Läuft etwas nicht ganz nach Plan, muss man den Plan eben ändern.

DER GOLDENE KREIS - DEIN „WARUM" IST ENTSCHEIDEND

Du hast sicher schon einmal was vom Goldenen Schnitt gehört? Das ist eine seit der Antike geltende Gestaltungsregel und bezeichnet das Teilungsverhältnis zweier Bildbereiche zueinander. Der Goldene Schnitt kommt auch in der Natur und im menschlichen Körper vor. Er steht für harmonische Proportionen und Schönheit. Für mich ist es jedes Mal aufs Neue erstaunlich, wie oft und an welchen Stellen diese ganz besonderen Proportionen zu finden sind. Bereits die Werke von Leonardo da Vinci weisen den goldenen Schnitt auf. Und so wie es den Goldenen Schnitt gibt, gibt es auch den Goldenen Kreis. Der „Golden Circle"[39] stammt von Simon Sinek, einem US-amerikanischen Autor, Hochschullehrer und Unternehmer. Er stellte folgende These auf: „Weniger erfolgreiche Menschen kommunizieren vom äußeren zum inneren Kreis. Sie beginnen mit dem „Was" und gehen über das „Wie" zum „Warum". Die andere und kleinere Gruppe sind die wahrhaft begeisternden und erfolgreichen Menschen. Sie wählen genau den umgekehrten Weg. Nämlich von innen nach außen. Und diese Menschen sind inspirierend. Jetzt fragst du dich vermutlich, was der Goldene Schnitt mit dem

Goldenen Kreis zu tun hat? So gesehen nicht viel, nur dass beide im menschlichen Körper vorkommen. Und das ist für mich persönlich immer wieder ein Wunder - das Wunderwerk Mensch. Der Aufbau des Goldenen Kreises findet sich beispielsweise in unserem Gehirn. Wenn man einen Querschnitt vom Gehirn hat, entspricht es von oben nach unten dem Goldenen Kreis. Ganz außen befindet sich der Neocortex - hier werden die rationalen und analytischen Gedanken verarbeitet, aber auch die Sprache. Im Neocortex entsteht also das „Was". In den beiden inneren Kreisen ist das limbische System zu finden. Und das ist für unsere Gefühle - wie beispielsweise Vertrauen und Loyalität - verantwortlich. Aber auch für das menschliche Verhalten, also unsere Entscheidungen. Somit entstehen das „Wie" und das entscheidende „Warum" im limbischen System. Wird das limbische System angesprochen, reagieren wir emotional und spontan. Wir handeln aus dem Bauch heraus. Man kann das limbische System auch als unser emotionales Gehirn sehen. Den Golden Circle kann man übrigens für alle Lebensbereiche anwenden. Ob beruflich oder privat, ist dabei vollkommen egal. Alle erfolgreichen Menschen agieren in exakt der gleichen Weise - dennoch anders als die anderen. Am Beginn jedes überwältigenden Erfolges - persönlich oder beruflich - steht oder stand eine einfache Frage. Die Frage nach dem „Warum" - und nicht nach dem „Wie".

Hier noch einmal für dich zur besseren Übersicht:

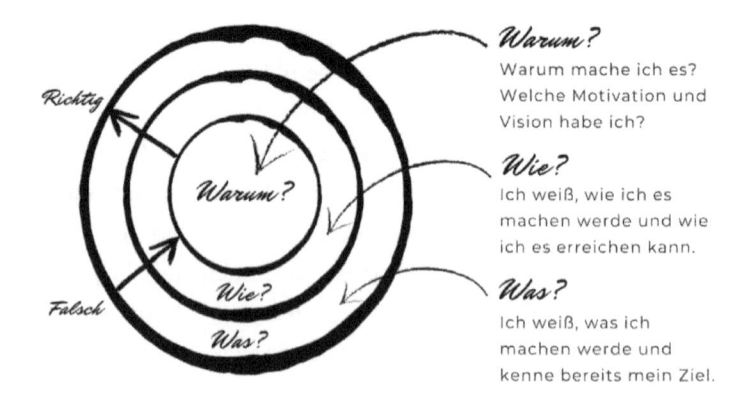

Warum?
Warum mache ich es?
Welche Motivation und Vision habe ich?

Wie?
Ich weiß, wie ich es machen werde und wie ich es erreichen kann.

Was?
Ich weiß, was ich machen werde und kenne bereits mein Ziel.

Der Goldene Kreis ist in drei Teile aufgeteilt:

- WARUM: Im Inneren des Kreises befindet sich das „Warum". Das ist sozusagen das Zentrum und der emotionale Kern. Hier stellt sich die Frage, warum wir tun, was wir tun? Für was „brennst" du? Diese Frage liefert uns die Motivation.
- WIE: Im mittleren Kreis wird geklärt, wie wir Leistungen erbringen, arbeiten und wie vorgehen, um unsere Ziele zu erreichen
- WAS: Im äußersten Kreis finden wir die Ergebnisse des „Warum" und „Wie".

Die Frage nach dem „Warum" sollte stets an erster Stelle stehen. Durch sie erhältst du die Antwort auf die Frage nach dem Sinn deines Lebens. Aber wie schafft man es, sein „Warum" in Einklang mit dem Handeln zu bringen? Stell dir folgende Fragen und lass dir beim Beantworten ruhig Zeit. Sie hören sich zwar sehr einfach an, jedoch kann es durchaus sein, dass sie bedeutende Prozesse in dir auslösen. Die Fragen können dich deinem ganz persönlichen „Warum" näher bringen. Denn erst wenn du dir über dein „Warum" im Klaren bist, kannst du damit beginnen, dein Leben zu verändern. Denn was du tust und wie du es tust, sollte mit dem „Warum" in Einklang sein.

- Welche Art von Person willst du sein/werden?
- Warum ist es dir wichtig, die Vergangenheit loszulassen?
- Warum fühlst du dich nicht lebendig?
- Was ist dein Wunsch für die Zukunft?
- Wieso ist das dein Wunsch?
- Wie lauten deine Überzeugungen?
- Welche Botschaften möchtest du vermitteln?
- Was gibt es, dass dich fasziniert und fesselt?
- Was willst du erreichen?
- Warum willst du das erreichen?

Du kannst dein Warum auch anhand der 5-Why-Methode[40] ermitteln. Diese Methode kommt ursprünglich aus der Qualitätssicherung. Sie wird verwendet, um die wirkliche Ursache eines Problems zu finden und nicht nur an den Symptomen zu arbeiten. Das fünfte „Warum" ist die Ursache. Dabei stellt man sich fünf Warum-Fragen - so wie kleine Kinder es auch machen - um zum Kern der Frage zu kommen: der Grundlage dessen, was dich wirklich antreibt oder auch umtreibt. Das funktioniert natürlich auch bei persönlichen Problemen.

Vor allem dann, wenn man selbst merkt, dass man in einer Situation stecken bleibt, die man eigentlich ändern möchte, wie ich im folgenden Beispiel:

- Warum geht es dir schlecht und kannst du nicht weitermachen? - Weil ich an der Vergangenheit festhalte
- Warum hältst du an der Vergangenheit fest? - Weil ich Angst davor habe, ohne meine Frau weiterzumachen.
- Warum hast du Angst davor, ohne deine Frau weiterzumachen? - Weil ich nun alles alleine machen muss.
- Warum musst du alles alleine machen? - Weil ich keine Hilfe annehmen will.
- Warum willst du keine Hilfe annehmen? - Weil ich bei meiner Familie nicht als Versager gelten will.

Diese Methode ist wirklich sehr tiefgründig und ich empfehle dir, dass du dich wirklich ganz darauf einlässt. Die zentrale Herausforderung der 5-Why-Technik ist darauf zu achten, dass der wahre Grund artikuliert wird. Also das richtige „Warum". Themen, über die du Kontrolle hast. Um ein sehr plakatives Beispiel zu nennen:

Frage: Warum kommst du morgens immer zu spät zur Arbeit?

- Weil ich im Stau stecken bleibe.

Frage: Warum bleibst du immer im Stau stecken?

- Weil der Verkehr so dicht ist – FALSCH

- Weil ich zu spät zu Hause losfahre - RICHTIG

Du siehst, die Methode erfordert ein vernetztes Denken. Versuche konsequent die wirklichen (persönlichen) Gründe zu erfassen.

FINDE MIT IKIGAI DEINEN LEBENSSINN

Eine weitere Methode, um den Sinn des Lebens zu finden, ist die japanische Lebensphilosophie „Ikigai[41]". Ikigai bedeutet wörtlich übersetzt „lebenswert". „Iki" bedeutet „Leben" und „Gai" heißt so viel wie „wert". Bei dieser Philosophie geht es darum, zu entdecken, was das Leben lebenswert macht. Beim Ikigai sollen wir herausfinden, welchen Grund es für uns gibt, jeden Tag aufs Neue motiviert aufzustehen. Gerade wenn man in einer Lebenskrise steckt und versucht aus dieser herauszukommen, fehlt oft dieser Grund. In solchen Situationen fühlen wir uns schwach und wollen uns oft lieber einigeln, anstatt uns dem Leben zu stellen. Und das ist auch vollkommen okay, solange sich dies in Grenzen hält und nach einer Weile wieder vorübergeht. Niemand verlangt von uns, wenn wir Kummer haben, so zu tun als ob nichts wäre. Aber aus eigener Erfahrung kann ich dir sagen, dass es besser ist, wenn du aus diesem Teufelskreis der Trauer, Wut und Angst so schnell wie möglich rauskommst.

Für die Japaner ist Ikigai[42] der Schlüssel zu einem glücklichen, erfüllten und langen Leben. Die japanische Kultur ist bekannt für ihre ausgeprägte Weisheit. Es gibt in Japan eine Inselgruppe, auf der mit die ältesten und glücklichsten Menschen weltweit leben. Der Begriff Ikigai wurde auf Okinawa[43] besonders geprägt. Als ich davon das erste Mal gehört habe, wusste ich, da muss ich hin. Ich wollte wissen, was diese Leute so anders machen. Vor einigen Jahren war es dann soweit und ich bin nach Okinawa gereist. Okinawa ist die südlichste Präfektur Japans und besteht aus mehreren, wunderschönen Inselgruppen. Es ist faszinierend, wenn man die vielen hochbetagten Menschen dort sieht. Man sagt auch, dass es die Insel der Hundertjährigen ist. Aber was machen diese Menschen dort so anders? Ich war überzeugt, dass es irgendein Geheimnis geben muss. Durch einen Bekannten kam ich dort in Kontakt mit einigen dieser sehr alten Menschen.

Es war unglaublich. Diese Senioren machen mit 90 Jahren noch Sport, mit 100 sind sie fitter im Kopf als viele junge Menschen bei uns. Ich war wirklich verblüfft. Aber was ist nun das große Geheimnis dieser Japaner? Die Antwort: Arbeit, gesundes Essen und Lebensfreude - Ikigai. Für viele von uns wäre das undenkbar. In der westlichen Welt ist der Großteil der Bevölkerung unzufrieden, sie hassen ihren Job und ernähren sich von Junk-Food. Ein Bewohner von Okinawa erklärt ihr Glücksrezept folgendermaßen: „Ich versuche nicht, so lange wie möglich zu leben, das passiert ganz von allein. Weil wir uns treffen, zusammen lachen und weinen. Das ist das Gute, wir singen und tanzen gemeinsam. Das Geheimnis der Langlebigkeit ist, sich keine Sorgen zu machen und nach vorne zu schauen."

Sich keine Sorgen zu machen und nach vorne schauen. Es klingt recht simpel, dennoch ist es unfassbar schwer, die Vergangenheit einfach loszulassen. Niemandem ist das mehr bewusst als mir. Aber wie du weißt, habe ich es geschafft. Und du kannst das auch. Wir müssen uns diese Lebensweise der Einwohner von Okinawa vor Augen halten. Wäre es nicht wunderbar, so sorgenfrei und glücklich alt zu werden?

Finde deinen persönlichen Ikigai

Unseren eigenen Ikigai[44] zu finden, erfordert Geduld und ist auch nicht so einfach. Auch hier ist es wieder notwendig, dass du dich auf die Fragen einlässt und inne hältst, um auf die richtigen Antworten zu kommen. Nimm dir ein Blatt Papier, einen Stift und suche dir ein ruhiges Plätzchen, wo du ungestört bist.

Beim Ikigai gibt es vier verschiedene Themenbereiche. Zeichne vier einander überschneidende Kreise auf. Jeder der Kreise behandelt ein Themengebiet bzw. eine Frage. Dort, wo die vier Kreise eine Schnittmenge bilden, soll sich der Weg zu deinem persönlichen Ikigai befinden. Schritt für Schritt lässt sich auf

DIE REISE ZU DEINEM „WARUM" | 131

diese Weise dein Ikigai[45] herausfinden. Jedoch funktioniert das nicht auf Anhieb und schon gar nicht unter Druck. Es kann sein, dass du es mehrmals machen musst. Probiere es auch an unterschiedlichen Tagen und Stimmungen. Lass dir Zeit dabei und notiere dir immer wieder Stichwörter. Beim Ikigai geht es in erster Linie um dich und deine Werte. Geld spielt eine untergeordnete Rolle.

WAS LIEBST DU UND MACHST DU GERNE

$4+1=$ *Passion* B $1+2=$ *Mission*

DEIN TALENT. WAS KANNST DU GUT. a *Ikigai* C WAS DIE WELT VON DIR BRAUCHT.

$3+4=$ *Beruf* D $2+3=$ *Berufung*

WOMIT DU GELD VERDIENEN KANNST

a ZUFRIEDENHEIT, JEDOCH DAS GEFÜHL, NICHT GEBRAUCHT ZU WERDEN

B ERFÜLLUNG, JEDOCH KEIN WOHLSTAND

C BEGEISTERUNG, JEDOCH NOCH EINE GEWISSE UNSICHERHEIT

D BEQUEM, JEDOCH DAS GEFÜHL EINER LEERE

Die vier wesentlichen Fragen oder Elemente des Ikigai sind:

1. Was liebst du? Was machst du gerne?
2. Was braucht die Welt von dir?
3. Was gibt es, womit du Geld verdienen kannst?
4. Was kannst du gut? Worin hast du ein Talent?

An den Schnittmengen vereinen sich diese vier Bereiche und bilden jeweils ein übergeordnetes Grundbedürfnis:

- Aus 1. und 2. ergibt sich deine persönliche „Mission".
- Aus 2. und 3. ergibt sich deine „Berufung".
- Aus 3. und 4. ermittelst du deinen idealen Beruf.
- Aus 4. und 1. lässt sich deine große Leidenschaft erkennen.

Um deinen ganz individuellen und persönlichen Ikigai zu ermitteln, musst du nun alle Kreise durchgehen und dir die Antworten aufschreiben, die für dich passen.

1. Was liebst du? Was machst du gerne?

- Begeistert es dich?
- Sprichst du gerne darüber?
- Hast du es schon als Kind gerne getan?
- Kannst du dir vorstellen, es den ganzen Tag lang zu machen?

2. Was braucht die Welt von dir?

- Wenn du einmal eine Weile nicht da wärst, um es zu tun. Würde es fehlen? Was genau würde fehlen oder liegenbleiben?
- Würdest du jemandem konkret fehlen?
- Erfüllt es dich mit Sinn?
- Entspricht es deinen Werten?
- Wenn du eines Tages nicht mehr da bist, sollte es dann in Erinnerung bleiben?

3. Was gibt es, womit du Geld verdienen kannst?
- Ist das dein Beruf?
- Beziehst du dein Haupteinkommen daraus?
- Hast du noch andere Einnahmequellen?

4. Was kannst du gut? Worin hast du ein Talent?
- Hast du das gelernt? Hast du eine Ausbildung dazu gemacht?
- Haben dir auch schon andere Menschen gesagt, dass du gut darin bist?
- Bist du darin talentierter als andere?
- Gibt es noch andere Fähigkeiten, die du hast?

Wenn du dir die Kreise ansiehst, kannst du anhand der Schnittmenge von zwei nebeneinander liegenden Kreisen sehen, welches Bedürfnis damit erfüllt wird. So zeigt etwa das Segment zwischen „1. Was liebst du?" und „4. Was kannst du gut?" den Bereich an, in dem du deine Leidenschaft für etwas erkennen kannst. Beispielsweise kann das ein Hobby sein. Wenn du alle vier Bereiche in Balance hältst und du sie auch gleichermaßen lebst, findest du in der zentralen Schnittmenge deinen Ikigai. Da, wo sich deine Talente und Leidenschaften mit dem überschneiden, was die Welt von dir braucht und wofür du auch bezahlt wirst. Das ist der ideale Punkt.

Wie schon gesagt, ist so eine „Lebensanalyse" nicht immer leicht. Falls es dir Schwierigkeiten bereitet auf Anhieb alle Antworten zu finden, stress dich nicht zu sehr. Vor allem bei den Dingen, die man liebt, kann es mitunter schwierig sein. Oft stecken irgendwelche falschen Glaubenssätze oder Blockaden dahinter, die uns daran hindern, einfach ohne groß nachzudenken etwas aufzuschreiben. Und du darfst wirklich alles niederschreiben. Habe keine Hemmungen, dass die ein oder andere Antwort vielleicht blöd klingt. Alles ist richtig und gut. Es gibt kein „falsch". Du tust es nicht für andere, sondern für dich. Sei ehrlich.

Es kann auch sein, dass du etwas leidenschaftlich gerne tust, worin du noch kein Meister bist. Wenn du es zum Beispiel liebst, Landschaften zu fotografieren, aber nicht immer die richtige Belichtung einstellst, dann macht das nichts. „Fotografieren" ist die richtige Antwort auf die Frage, was du liebst. Du kannst dir ja dann Gedanken darüber machen, wie du darin besser werden kannst. Ein Fotografie-Kurs oder Foto-Tutorials auf YouTube beispielsweise könnten dann dein nächster Schritt sein.

Neben dem Herausfinden deines persönlichen Ikigai hat diese japanische Philosophie noch weitere Grundsätze zum glücklich sein. Diese sind ganz leicht in den Alltag zu integrieren und sollen dir verhelfen, deinen Weg nach vorne konsequent beizubehalten.

- Bleibe immer aktiv.
- Nimm dir genug Zeit für deine Träume.
- Genieße deine Träume und erfülle sie dir.
- Gehe fürsorglich mit dir selbst um - du hast nur diesen einen Körper.
- Sei für alles in deinem Leben dankbar, auch für die kleinen Dinge.
- Sei auch dankbar für die Krisen und Schicksalsschläge in deinem Leben - denn diese sind immer auch Chancen.
- Vermeide Stress so gut es geht.
- Umgib dich mit Menschen, die du magst und liebst.
- Verbringe viel Zeit in der Natur.
- Bewahre dir deine Neugier.

Ikigai und das Gleichnis des mexikanischen Fischers

Das Schöne ist, dass nicht nur Menschen in Japan nach dieser Philosophie leben. Es gibt insgesamt 5 Regionen auf der Welt, in denen überdurchschnittlich viele Hundertjährige leben, die trotz ihres Alters körperlich und geistig fit sind - und als Grund für ihre Gesundheit dieselben Gründe angeben wie die Menschen auf Okinawa. Diese Regionen sind (neben Okinawa) Loma Linda in Kalifornien, die Insel Sardinien in Italien, die Nicoya-Halbinsel in Chile und Ikaria in Griechenland.

Besonders schön wird die Philosophie des Ikigai durch die Geschichte[46] des mexikanischen Fischers illustriert. Ich persönlich finde, dass wir diese Anekdote durchaus als Inspiration nehmen können, unser Leben als ein Gedicht zu sehen, dessen Dichter wir selbst sind. Die Idee eines harmonischen Lebens taucht in dieser Geschichte auf und macht die Bedeutung von einem sinnvollen Leben nach Ikigai noch einmal sehr deutlich.

Die Erzählung handelt von einem mexikanischen Mann, der seinen Lebensunterhalt mit dem Fischfang verdient. Einmal am Tag, ganz früh, fährt er hinaus aufs Meer. Er verdient nicht viel, aber genug, um seine Familie zu ernähren. Sie leben ein einfaches, aber glückliches Leben. Wie der Fischer nun eines Morgens auf seiner Veranda sitzt und Pfeife raucht, kommt ein amerikanischer Manager des Weges und fragt ihn, warum er denn nur einmal mit dem Boot rausfährt. Ob es denn nicht mehr Fische gebe im Meer, wollte er wissen. „Sicher gibt es mehr Fische im Meer", meinte der Fischer, „aber warum sollte ich mehr fangen, als meine Familie und ich brauchen?"

Es entwickelt sich ein Gespräch, im Laufe dessen der Manager versucht, den Fischer zu überzeugen, mehrfach rauszufahren, um mehr Fische zu fangen, die er dann verkaufen könnte. Mit dem Erlös könnte er ein größeres Schiff kaufen und noch mehr fangen und dann ein zweites Schiff dazu kaufen und dann sogar Angestellte einstellen.

„Warum sollte ich das tun?", fragt der Fischer.

„Wenn du Angestellte hast, musst du selbst nicht mehr arbeiten und kannst mehr Zeit mit deiner Familie verbringen."

"Und wenn ich dann nicht mehr arbeiten muss, kann ich dann machen, was ich will?"

Hocherfreut, dass der Fischer nun scheinbar verstanden hatte, antwortet der Manager: "Ja, absolut! Du musst nicht mehr arbeiten und kannst tun und lassen, was du willst!"

"Kann ich dann auch jeden Tag mit meinem Boot rausfahren? Zwei Fische für mich und meine Familie fangen? Diese zum Mittagessen grillen? Und den Nachmittag dann mit meiner Frau und den Kindern am Strand verbringen und die Zeit geniessen?"

"Ja, all das kannst du dann tun!", bestätigt der Manager.

Nachdenklich schaut der Fischer ihn an... und antwortet schließlich: "Aber genau das mache ich doch jetzt schon jeden Tag!"

Der Fischer lächelt, nimmt einen kräftigen Zug aus seiner Pfeife und blickt zufrieden von seiner Veranda hinaus auf das Meer.

Ich denke, dass wir alle irgendwann einmal an einem Scheideweg im Leben stehen. Ob es wegen eines Jobverlusts ist oder weil man seine Familie verloren hat - das spielt keine Rolle. Es stellt sich dann die Frage, ob man weiterleben will, ohne etwas zu ändern. Oder ob man einfach zu leben beginnt und sich an all den kleinen Dingen, die das Leben uns bietet, erfreut. Ich lege dir die zweite Variante ans Herz. Aus eigener Erfahrung weiß ich, dass es zwar ein harter Schritt ist und sicherlich nicht immer leicht. Aber den Möglichkeiten, die uns das Leben bietet, sollten wir uns nicht verschließen, nur weil wir am Alten festhalten.

DIE 60 SEKUNDEN-BEWERTUNG

Sollte dir das Buch gefallen haben, wäre ich (und die vielen anderen Menschen, die wie du, auch auf der Suche nach ein wenig mehr Glück im Leben sind) dir unendlich dankbar, wenn du dir ganz schnell 60 Sekunden Zeit nehmen würdest und eine kurze Bewertung auf Amazon hinterlässt.

Du hilfst dabei, mehr Menschen auf die positive Lebensweise aufmerksam zu machen. Wollen wir nicht alle mehr positive Menschen in unserem Umfeld?

Gib einfach den folgenden Link in die Adressleiste deines Browsers ein oder nimm dein Handy und halt die Fotokamera auf diesen QR-Code:

https://amazon.de/review/create-review?&asin=B093BPK624

Über den Link kommst du direkt zur Bewertungsseite.

Vielen Dank!

SCHLUSSWORT

„*Die Frucht von Loslassen ist die Geburt von etwas Neuem.*"

— MEISTER ECKHART

Unser Leben läuft leider nicht immer nach Plan. Ob Schicksalsschläge, Krisen oder Fehler aus der Vergangenheit, die wir uns nicht verzeihen können. Es gibt so viele Situationen und Begebenheiten, die uns daran hindern, die Vergangenheit hinter uns zu lassen. Aber um weiterleben und ein Leben voller Glück und Freude führen zu können, ist es unabdingbar, mit dem Alten abzuschließen. Keiner weiß besser als ich, wie schwer das sein kann. Ich hoffe wirklich, dass ich dir mit meinen eigenen Erfahrungen helfen konnte. Es würde mich sehr freuen, wenn du meine Vorschläge und Tipps annimmst und sie dir den nötigen Input geben, um dein Leben neu zu ordnen. Welche persönliche Krise du auch erleiden musstest oder musst, du sollst wissen, dass du nicht alleine bist. Meine Ratschläge ersetzen natürlich keinen Arzt oder Therapeuten, falls du dich emotional oder psychisch sehr belastet fühlst. Wenn du in irgendeiner Art und Weise denkst, dass du dein Leben ohne professionelle Hilfe nicht neu ordnen kannst, dann bitte scheue dich nicht davor, dir Hilfe zu holen. Es ist weder beschämend noch ein Zeichen der Schwäche. Es kann dir auch helfen, wenn du dir zusätzlich eine Selbsthilfegruppe suchst. Mit Gleichgesinnten spricht es sich oft besser als mit den Angehörigen. Jede Art von Hilfe, die du annehmen kannst, ist gut.

Ich hoffe, dass du nach dem Lesen dieses Buches auch Lust bekommen hast, Neues auszuprobieren und neue Wege zu beschreiten. Nutze dein neu erworbenes Wissen über das positive Denken, Resilienz und finde dein „Warum". Mit einer positiven Lebenseinstellung macht das Leben viel mehr Spaß. Und du weißt, dass du nur dieses eine Leben zur Verfügung hast. Nutze die Möglichkeiten, die sich dir bieten. Es gibt so viel Schönes zu entdecken, wenn man seinen Blickwinkel ändert und den Willen hat, vom Alten und Negativen Abschied zu nehmen. Probiere aus, wozu du Lust hast. Alles, was dich deinem persönlichen Glück näherbringt, ist wertvoll. Probiere das Meditieren aus und übe dich in Achtsamkeit. Schreibe dir Affirmationen auf Notizzettel und verteile sie in deiner Wohnung, damit du sie stets vor Augen hast. Suche nach dem Sinn deines Lebens. Nutze die enorme Chance, die sich durch deine Krise ergeben hat, um herauszufinden, was du wirklich willst. Finde deinen ganz persönlichen Ikigai. Mach dein Leben wieder lebenswert.

Ich wünsche dir von Herzen, dass du am Ende deines Lebens zurückblicken kannst und sagst: „Schön war's. Es war vielleicht nicht mein Plan A. Aber Plan B war genauso toll."

Alles Liebe für dich!

Dein Johannes

ÜBER DEN AUTOR

Weitere Bücher:

Glücksprinzip - Positives Denken lernen

Homepage:
www.johannes-freitag.de

Facebook:
facebook.com/jfautor

Amazon Autorenseite:
https://www.amazon.de/Johannes-Freitag/e/B08YMR6F3Y

DEIN KOSTENLOSES DANKBARKEITSTAGEBUCH

„NICHT DIE GLÜCKLICHEN SIND DANKBAR.
ES SIND DIE DANKBAREN, DIE GLÜCKLICH SIND!"

Francis Bacon

Nur ein paar Minuten täglich, für ein glücklicheres und erfolgreicheres Leben. Lade dir hier (als Gratis Bonus, exklusiv für Leser von Johannes Freitag's Büchern) dein KOSTENLOSES Dankbarkeitstagebuch herunter:

www.johannes-freitag.de/dankbarkeitstagebuch

Öffne ganz einfach deine Handkamera-App
und richte den Fokus auf den QR code

JOHANNES FREITAG

QUELLEN

Einleitung:

[1] Was ist Positive Psychologie von NLP Zentrum Berlin: nlpzentrum-berlin.de/infothek/nlp-psychologie-blog/item/positive-psychologie (Zugriff: 30.04.2020)

[2] Das ist laut Harvard-Studie der Schlüssel zum Glück von Fiorella De Pieri: vol.at/das-ist-laut-harvard-studie-der-schluessel-zum-glueck/6086374 (Zugriff: 30.04.2020)

[3] Positives Denken von Thomas Klußmann: lernen.net/artikel/positiv-denken-12-uebungen-optimismus-856/ (Zugriff: 30.04.2020)

[4] Achtsamkeit im Buddhismus von Evidero Redaktion: evidero.de/verbindung-von-achtsamkeit-und-buddhismus (Zugriff: 30.04.2020)

[5] Das Glück liegt im Augenblick - Studie zum Thema Achtsamkeit von Dr. Matthew Killingsworth: mbsr-kurs-koeln.de/2016/11/27/das-glueck-liegt-im-augenblick-studie-zum-thema-achtsamkeit-im-jetzt/ (Zugriff: 30.04.2020)

[6] Dem Glück auf der Spur, Studie zum Thema „Track Your Happiness" von Dr. Matthew Killingsworth: harvardbusinessmanager.de/heft/artikel/a-826815.html (Zugriff: 30.04.2020)

Kapitel 1:

[7] Mit Rückschlägen umgehen von Moritz Bauer: selbstbewusstsein-staerken.net/rueckschlaege/#Warum_Rueckschlaege_und_-Niederlagen_wichtig_sind (Zugriff: 30.04.2020)

[8] Alles Kopfsache von Katja Kerschgens: youtube.com/watch?v=Xwdw1QlJnpM (Zugriff: 30.04.2020)

[9] Lebenskrisen als Chance von Dr. Rolf Merkle: psychotipps.com/Lebenskrisen.html (Zugriff: 30.04.2020)

[10] Steve Jobs Story: youtube.com/watch?v=UF8uR6Z6KLc&t=236syoutube.com/watch?time_continue=236&v=UF8uR6Z6KLc&feature=emb_title (Zugriff: 30.04.2020)

[11] Phasen einer Krise: krise-als-entwicklungschance.de/seite-10.html (Zugriff: 30.04.2020)

Kapitel 3:

[12] 30-Minuten-Resilienz von Siegrist Ulrich, Luitjens Martin, 2011, Gabal Verlag, Offenbach

[13] Was sind persönliche Ressourcen? - von Grajek Coaching: grajek-coaching.de/blog/blog-persoenlichkeit-persoenliche-ressourcen/ (Zugriff: 30.04.2020)

[14] Resilienz trainieren von Nicole Hery-Moßmann: praxistipps.focus.de/resilienz-trainieren-so-steigern-sie-die-seelische-widerstandskraft_101284 (Zugriff: 30.04.2020)

QUELLEN | 145

[15] Resilienz-Übungen von Resilienz Coach Janis Gatzemeyer: youtube.com/watch?v=jReqyALOfhk&t=351s (Zugriff: 30.04.2020)

[16] Warum Optimisten länger leben von Katharina Gruber: science.orf.at/v2/stories/2874402/ (Zugriff: 30.04.2020)

[17] Selbsterfüllende Prophezeiung von Nils Warkentin: karrierebibel.de/selbsterfuellende-prophezeiung/ (Zugriff: 30.04.2020)

[18] Positives Denken von Cover Media: fitforfun.de/news/positiv-denken-wie-optimismus-koerper-und-seele-staerkt-308322.html (Zugriff: 30.04.2020)

[19] Ziele setzen von Paul Chernyak: de.wikihow.com/T%C3%A4gliche-Ziele-setzen (Zugriff: 30.04.2020)

[20] Tipps für mehr Selbstliebe von 21kollektiv: 21kollektiv.de/selbstliebe-7-lektionen/ (Zugriff: 30.04.2020)

Kapitel 4:

[21] Der Positiv-Quotient von Mag. Gerhard Ratz: coaches.at/was-koennen-sie-tun-um-den-positiven-quotienten-zu-verbessern/ (Zugriff: 30.04.2020)

[22] Das 3:1 Prinzip von Ilona Bürgel: focus.de/wissen/mensch/psychologie/psychologie-mit-ilona-buergel-das-3-1-prinzip-das-ist-die-formel-fuer-ein-glueckliches-leben_id_6090976.html (Zugriff: 30.04.2020)

[23] Die Macht der guten Gefühle: Fredrickson Barbara L., 2011, Campus Verlag, Frankfurt am Main

[24] Negative in positive Gefühle umwandeln von Steffi Adam: feineseele.de/wie-du-negative-gedanken-in-positive-umwandeln-kannst/ (Zugriff: 30.04.2020)

[25] Gesundheit beginnt im Kopf von Heinz H. Neuperger: gesundheitbeginntimkopf.de/ (Zugriff: 30.04.2020)

[26] Wirkung von positiven Denken auf den Körper von Julia Haase: welt.de/kmpkt/article163290186/So-wirkt-sich-positives-Denken-auf-den-Koerper-aus.html (Zugriff: 30.04.2020)

[27] Rückschläge überwinden von Nils Warkentin: karrierebibel.de/rueckschlaege/#Rueckschlaege-Das-muessen-Sie-aufgeben-um-wieder-aufzustehen (Zugriff: 30.04.2020)

[28] Visualisierungen von Mental Power Int. GmbH: mentalpower.ch/visualisierung-und-imagination/ (Zugriff: 30.04.2020)

[29] Richtig meditieren von Katharina Tempel: gluecksdetektiv.de/richtig-meditieren/ (Zugriff: 30.04.2020)

[30] Meditieren lernen von Carsten von Auszeit Leben: meditierenlernen.org/10-atemuebungen-gegen-stress-sorgen-kopfschmerzen/ (Zugriff: 30.04.2020)

[31] Meditation von Johanna Kallert: gesundheit-ganzheitlich.com/meditation-depression-heilen/ (Zugriff: 30.04.2020)

[32] Meditationen von FindYourNose Online Magazin für Meditation von Petra Powels-Böhm : findyournose.com/ (Zugriff: 30.04.2020)

Kapitel 5:

[33] Achtsamkeitsübungen von Stefanie Jakob: utopia.de/ratgeber/achtsamkeit-lernen-mbsr-achtsamkeitsuebungen-achtsamkeitstraining-achtsamkeitsmeditation-hier-und-jetzt/ (Zugriff: 30.04.2020)

[34] Achtsamkeits-Übungen 4-7-8 Methode von Anika edzierski: yogaworld.de/4-7-8-atmung/ (Zugriff: 30.04.2020)

QUELLEN | 147

[35] Achtsamkeitsübungen von Lea Banger: gardensofzen.com/was-ist-achtsamkeit-und-achtsamkeitstrainings/ (Zugriff: 30.04.2020)

Kapitel 6:

[36] Den Sinn des Lebens finden von Jochen Mai: karrierebibel.de/lebenssinn/ (Zugriff: 30.04.2020)

[37] Selbstfindung von Jochen Mai: karrierebibel.de/selbstfindung/ (Zugriff: 30.04.2020)

[38] Sinnsuche von Silke Loers: silke-loers.de/2019/01/sinnsuche/ (Zugriff: 30.04.2020)

[39] Goldener Kreis von Simon Simek: youtube.com/watch?v=qp0HIF3Sfl4 (Zugriff: 30.04.2020)

[40] Die 5-Why-Methode von Constantin Gonzalez: blog.paleosophie.de/2019/02/05/die-frage-nach-dem-warum/ (Zugriff: 30.04.2020)

[41] Ikigai Philosophie von Sarah Beekmann: utopia.de/ratgeber/ikigai-das-steckt-hinter-der-japanischen-philosophie/ (Zugriff: 30.04.2020)

[42] Ikigai Modell von Landsiedel NLP-Training: landsiedel.com/at/wissen/ikigai.html (Zugriff: 30.04.2020)

[43] Das Geheimnis der Hunderjährigen in Japan von Laurence Alexandrowicz & Sabine Sans: de.euronews.com/2019/10/21/das-geheimnis-der-hundertjahrigen-in-japan-gesundes-essen-arbeit-und-lebensfreude (Zugriff: 30.04.2020)

[44] Ikigai Philosophie von Sarah Beekmann: utopia.de/ratgeber/ikigai-das-steckt-hinter-der-japanischen-philosophie/ (Zugriff: 30.04.2020)

[45] Mit Ikigai den Lebenssinn finden von Benjamin Baumann: benjaminbaumann.at/wie-du-mit-ikigai-deinen-lebenssinn-findest/ (Zugriff: 30.04.2020)

[46] Ikigai und das Gleichnis des mexikanischen Fischers von Edo Agenda: medium.com/@edo_io/ikigai-and-the-mexican-fisherman-79511495641d (Zugriff: 30.04.2020)

Impressum:

Herausgeber:

Orange Orchard LLC

30 N Gould St Ste R

Sheridan, WY 82801

USA

1. Auflage

Das Werk, einschließlich seiner einzelnen Teile, ist urheberrechtlich geschützt. Jegliche Verwertung ist ohne Zustimmung des Rechteinhabers unzulässig. Dies gilt insbesondere für die elektronische oder sonstige Vervielfältigung, Übersetzung, Verbreitung und öffentliche Zugänglichmachung.

Rechtlicher Hinweis:

Wir weisen darauf hin, dass wir keinerlei Therapieberatung erbringen. Die geschilderten Methoden und Schilderungen wurden teilweise zur besseren Verständlichkeit und Veranschaulichung vereinfacht dargestellt. Alle von uns erteilten Ratschläge fußen ausschließlich auf persönlicher Erfahrung und Meinung. Auch, wenn wir jede Empfehlung mit größtmöglicher Sorgfalt und umfangreicher Recherche entwickelt und fortlaufend kritisch hinterfragt haben, können wir hierfür keinerlei Gewähr bieten. Gleiches gilt auch für die Vollständigkeit und Richtigkeit der dargestellten Inhalte. Die erteilten Ratschläge können ferner auch keine fundierte und auf den individuellen Einzelfall zugeschnittene Beratung ersetzen. Wir können daher weder eine Erfolgsgarantie, noch eine Haftung für eventuelle Folgen ihrer Anwendung übernehmen.

Lightning Source UK Ltd.
Milton Keynes UK
UKHW010407280821
389610UK00001B/144